Mi llamado es Sobrenatural

Despertando el Propósito de Dios para su Vida.

Apóstol Sojo

Titulo publicado en español: Mi llamado es Sobrenatural
Dr. Marcelino Sojo & Dra. María E. Sojo

P O Box 10316 Charlotte NC 28212 USA
e-mail: bwsojo@hotmail.com, miapostolsojo@gmail.com
Web site: WWW. APOSTOLSOJO.COM

Revisión/Edición: Ap. Moisés Yégües
Teléfonos: 001 (704) 568-8981 NC. USA
058 (85) 9212 781 1537 Caracas - Venezuela

Categoría: Educación Cristiana / Discipulado

Diseño y Diagramación
Meryi L. Quintero G.
Zoe & Asociados
Colombia

Mi Llamado es Sobrenatural

Dedicatoria

$\mathcal{E}$ste libro está escrito con el propósito de despertar en usted la vida y el llamado radical para el cual Dios le creó y pueda cumplir su misión en la tierra.

En cada página encontrará profundos y extraordinarios tesoros, diseñados por Dios para bendecirle, fortalecerle y darle la revelación de Aquel que pusos sus ojos en usted, para cumplir su Propósito.

Dr. M. Sojo
Paz...

Introducción

*L*o más importante que existe entre el cielo y la tierra es que algún ser humano esté dispuesto a enfrentarse a la verdad. ¿Y qué es la verdad? La verdad es que Dios lo creó a usted para que cumpliera con una misión en esta tierra; usted tiene un extraordinario llamado, y una gran misión que cumplir. No se puede desenfocar.

"Te alabaré; porque formidables, maravillosas son tus obras; estoy maravillado, y mi alma lo sabe muy bien. No fue encubierto de ti mi cuerpo; bien que en oculto fui formado, y entretejido en lo más profundo de la tierra. Mi embrión vieron tus ojos, y en tu libro estaban escritas todas aquellas cosas que fueron luego formadas, sin faltar una de ellas." * Salmo 139:14-16

Dios lo creó a usted, no para que se distraiga en esta vida temporal; todo lo que quiera hacerle ver a usted que permanecerá en esta tierra para siempre es un engaño. Lo más importante que usted puede hacer en esta vida es cumplir el llamado de Dios. Usted ha hecho muchas cosas, pero no le han llenado ese vacío que existe en su corazón; es cierto, porque hay una gran misión que Dios le llamó a cumplir en este mundo, y es un propósito eterno.

"Jehová cumplirá su propósito en mí; tu misericordia, oh Jehová, es para siempre. No desampares la obra de tus manos." * Salmo 138:8

No existe una sola persona en este mundo, a quien Dios no le haya puesto una misión que cumplir. Por medio de este libro, usted descubrirá su llamado y su misión; el Espíritu Santo que vive dentro de usted, le iluminará acerca de las grandezas de Dios, y por fin será feliz; porque hacer lo que a Dios le agrada es lo único que le hará feliz, estable, y seguro en este mundo.

En la medida que usted responda a ese llamado, ese propósito eterno, su vida será llena de gran fe, esperanza, y amor.

Le declaro lo mejor de Dios y de su bendita Palabra; sé que usted es especial, y después de ser ministrado, dentro de treinta días, su vida nunca más será igual.

Apóstol Dr. M. Sojo
Profeta Dra. María E. Sojo

Semana

1

Prefacio

La vida del patriarca Jacob, es un paralelo de lo que usted ha sido,
ya que desde el vientre de su madre fue atacado de muerte,
aunque la mano de Dios le dio fuerzas para resistir y prevalecer,
hasta que se cumplió todo lo que Dios le había dicho.
Usted también está con vida, sólo porque Dios le ha sostenido,
con el único objetivo de cumplir su propósito en esta tierra.

LA PALABRA PROFÉTICA
ESTÁ SOBRE MI LLAMADO

Verdad Profunda
Usted es escogido(a) de Dios desde antes de la fundación del mundo, con el propósito de cumplir un plan ministerial, cada día de su vida. Cumplir con su llamado es lo más importante que puede hacer en esta tierra.

Texto de Meditación
"Y oró Isaac a Jehová, por su mujer que era estéril; y lo aceptó Jehová, y concibió Rebeca su mujer. Y los hijos se combatían dentro de ella, y dijo: Si así había de ser, ¿para qué vivo yo? Y fué a consultar a Jehová. Y le respondió Jehová: Dos naciones hay en tu vientre, y dos pueblos serán divididos de tus entrañas; mas un pueblo será más fuerte que el otro pueblo, y el mayor servirá al menor." Gen 25:21-23

Las Luchas y los Ataques que usted ha vivido
Todas las luchas y los ataques que usted ha vivido, están vinculados al plan de Satanás para destruirle y que no tenga vida y de ninguna manera salga adelante; pero el único motivo por el que usted está en esta tierra, es para cumplir con el propósito de Dios. Él le escogió para ejecutar sus gloriosos y maravillosos planes en esta tierra.

Usted Es Vencedor Desde el Vientre
Jacob sentía, desde que estaba en el vientre de su mamá, que había una batalla de muerte; pero determinó luchar por su vida, y con la fuerza de Dios prevaleció. Jacob permaneció firme ante la presión de los ataques en el vientre de su madre, por el propósito que Dios había declarado acerca de él. Jacob escuchó cuando Dios

le habló a su madre, y fue así: *"Dos naciones hay en tu vientre y dos pueblos saldrán de tus entrañas un pueblo será más fuerte que el otro y el mayor servirá el menor."* Los oídos de Jacob sabían que era el escogido, y que había un propósito eterno con su vida; por lo tanto, determinó creerle a Dios, y luchar hasta vencer. De la misma manera, su vida también está escrita por la mano de Dios; hay un propósito grande y sobrenatural para su vida hoy.

Activando el Espíritu de Conquista

Desde el vientre de su madre Jacob determinó conquistar; nunca Jacob se vio como un perdedor. Siempre se vio como Dios lo llamó: *Un pueblo fuerte, grande y poderoso.*

Esa persona es usted. Usted es más que vencedor(a); nació con un propósito, y lo va a cumplir. Todo lo que Dios ha dicho de usted es una verdad profética; su vida ya está predestinada. Todo el tiempo que usted anduvo fuera de esta Palabra significa mucho; le han ocurrido muchas cosas, pero Dios ha sido bueno con usted. Le escogió para cosas grandes, y le diré que todo lo que Dios ha dicho de usted, se cumplirá.

Venciste en el Vientre y Vencerás Ahora

La única razón por la que usted está con vida, y ha llegado a la edad que tiene ahora, es porque se activó la visión de vencer; por eso estás en pie. Debido a esa acción de fe, usted es más que vencedor(a).

No hay nada negativo y contrario al propósito de Dios que le pueda derrotar, porque la buena mano de Dios está sobre usted, con propósitos grandes, fuertes y poderosos. Todo lo que Dios ha dicho de usted se cumplirá. Usted tiene un código de vencedor(a); si venció cuando estaba en el vientre de su madre, también vencerá ahora.

DECLARACIÓN PROFÉTICA

En el nombre de nuestro Señor Jesucristo, me levanto en fe por el poder de la Palabra, para vencer la oposición diabólica; nada me hará retroceder. Cada palabra que Dios ha dicho de mí se cumplirá. Estoy con vida sólo para cumplir un propósito grande, fuerte, y poderoso en esta tierra. Lo declaro, y lo creo, con todo mi corazón, en el nombre de Jesús; amén.

Tu Llamado es más Poderoso que la Discriminación

Introducción
Una de las batallas que tiene que enfrentar toda persona escogida, es con el espíritu de rechazo y de desprecio que se enfrenta al abrir los ojos de su vida, respondiendo al llamado de Dios. Toda persona escogida por Dios para hacer cosas extraordinarias en esta vida, es confrontada por el desprecio y la forma anti-propósito. Como le llamaban a Jacob: Lo llamaban ladrón.

Texto de Meditación:
Mi vida está escrita por la mano de Dios: *"Cuando se cumplieron sus días para dar a luz, había gemelos en su vientre. El primero salió rubio; era todo velludo como una pelliza, y le pusieron por nombre Esaú. Después salió su hermano, trabada su mano al talón de Esaú, y le pusieron por nombre Jacob. Isaac tenía sesenta años de edad cuando ella los dio a luz. "* Gen 25:24-26

Verdad Profunda
La intención de ponerle un nombre incorrecto está vinculada al plan del demonio de distorsionar el propósito de Dios en su vida. Es necesario que no viva de las cosas negativas que se puedan decir de usted. Créale a Dios y viva de la palabra profética que Dios a determinado para usted, porque ésta se cumplirá.

La Batalla del Nombre
En el mundo espiritual profético, existe una batalla, y es la guerra del nombre. Los demonios saben como usted se llama; si no sabe vivir por fe, le perturbarán para el resto de su existencia. Por lo general, como le llaman tiene el propósito diabólico de perturbar tu

vida y carácter, incrustando temores, inseguridad, complejos, miedos y hasta amargura de espíritu y locura. Por lo tanto, es necesario que vivas por fe, sabiendo que lo que digan de usted no es la verdad, sino lo que Dios dijo por su Palabra que haría con usted.

Permaneciendo en la Verdad de Dios
"Pero Jacob era varón quieto, que habitaba en tiendas." Génesis 25:27
Todos los días de su vida es necesario que viva totalmente convencido en la verdad profética de Dios; es decir, lo que Dios ha dicho de usted. Tiene que dominar los momentos de ataques, creyendo en el poder de Dios y rechazando todo lo que llegue a sus oídos que usted sabe que no es verdad.

Dios No le Llama Jacob
La forma como le llamen aún las personas más allegadas a usted, eso no significa que están vinculados a la verdad de Dios. Decirle al escogido ladrón, es sumamente grave. Dios nunca dijo que se llamaría ladrón. Dios nunca lo consideró así, sino como el escogido para cumplir su propósito en esta tierra.

¡Jacob No! ¡¡¡Israel Sí!!!
Dios nunca dijo que su nombre era usurpador, sino escogido como príncipe. Hoy le digo, en el nombre de nuestro Señor Jesucristo, que usted es una persona escogida. Dios anula toda palabra negativa que han dicho de usted, y sepa que su vida está predestinada para cosas grandes y sorprendentes.
Tú no eres todo lo negativo que han dicho de ti; tu nombre es bendición, porque tienes un gran llamado del cielo.

Todo lo negativo que dicen, viene diseñado por un plan maligno.
Para destruir sus convicciones proféticas, y que usted no acepte palabras perversas cargadas de mentira y de engaño, es necesario que entienda que tiene un llamado de Dios. Los demonios usan a personas para que digan cosas que usted sabe que son mentira, porque la verdad de Dios es que eres profeta de Dios, predestinado para

cosas grandes y gloriosas en esta tierra. Lo único que le conviene creer es lo que Dios ha dicho de usted.

Anule en el Nombre de Jesucristo.
Cada vez que escuches algo negativo de usted, anúlelo, ya que es la voz del demonio para crear un plan destructivo en su contra. Que nada le distraiga en su llamado.

Mi Nombre verdadero
está en la Mente de Dios

"Y como se cumplieron sus días para parir, he aquí mellizos en su vientre. Y salió el primero bermejo, y todo él velludo como una ropa; y llamaron su nombre Esaú. Y después salió su hermano, trabada su mano al calcañar de Esaú; y fué llamado su nombre Jacob. Y era Isaac de edad de sesenta años cuando los parió." Gen 25:24-26

Introducción

Cuando Dios le llama, una de las trampas del enemigo es que pierdas la identidad de tu llamado, y te trata de imponer un nombre incorrecto. A Jacob, la persona predestinada por Dios para un propósito extraordinario en esta tierra, le pusieron un nombre contrario al propósito de Dios en su vida y así le ha pasado a usted. Usted no es la excepción; a usted también todas las desdichas que ha tenido y la forma que le han nombrado han sido una guerra; una batalla del enemigo para robarle la identidad.

Verdad Profunda

Es necesario que se enfrente y rechace toda palabra negativa y diabólica que le digan, que sea contraria a lo que Dios dice de usted. Enfóquese en la voz de Dios, y nunca olvide que Dios le llamó como príncipe o princesa, para cumplir su propósito en la tierra.

Cuando dicen lo contrario de Usted

Usted tiene que estar listo para decir no a lo negativo que digan de usted. Es necesario que tome autoridad espiritual, y venza cada palabra negativa que escuche de usted.
Fue muy fuerte para Jacob escuchar un nombre contrario a lo que

él ya sabía que estaba en la mente de Dios. Cada vez que alguien le llame bruto o perdedor, es necesario que se levante en autoridad y diga, "No." Eso que están diciendo de mí no es lo que el Eterno ha revelado. No soy perdedor(a); no soy miserable; renuncio a toda palabra que diga lo contrario a lo que Dios ha dicho de mí. Mi vida está escrita por la mano de Dios.

Enfrentando el desprecio

"Y crecieron los niños, y Esaú fue diestro en la caza, hombre del campo; pero Jacob era varón quieto, que habitaba en tiendas. Y amó Isaac a Esaú, porque comía de su caza; mas Rebeca amaba a Jacob."
Gen 25:27-28

Una de las guerras que tiene que enfrentar por causa de su llamado es contra la maldición del rechazo. El rechazo es un ataque para robar la verdadera identidad, la cual Dios le dio desde antes de la fundación del mundo.

En el caso de Esaú, Isaac, su padre, amaba más a Esaú, porque era el primogénito. Los sentidos de su padre estaban siendo movidos por la tradición y la lógica; pero en el corazón de Rebeca estaba la voz de Dios. Todas las personas que han sido escogidos por Dios, enfrentan de alguna manera la maldición del rechazo; pero usted, en el nombre de Jesús, se levanta en fe y por la Palabra, consciente de que nació para triunfar, y su vida está escrita por la mano de Dios.

Dominando la presión externa

Este ambiente de presión en el hogar generaba una gran presión en la vida de Jacob. Pero hay algo extraordinario que él hizo: Determinó esperar pacientemente el momento de recibir su bendición, y la primogenitura.

Pero jacob era varón quieto, que habitaba en tiendas

Salomón dijo, "todo tiene su tiempo."Esaú vivía en el campo, mientras que Jacob estaba siempre sujeto a su casa, y esperaba las instrucciones de su madre.

La desesperación nunca será de bendición para toda persona que sabe que es escogida de Dios. Es necesario aprender a esperar en el Señor, sabiendo que todo lo que Él nos prometió, se cumplirá; porque éste es el único camino para derrotar las opresiones externas que quisieran quitarte la paz espiritual.

Jacob habitaba en tiendas, es decir, él esperaba su momento en casa. Toda persona escogida por Dios debe aprender a esperar en Dios, seguro de que lo que Dios dijo se cumplirá fielmente.
Es necesario que usted se cubra con la paciencia, porque lo que Dios dijo, espéralo; sin duda vendrá, y no tardará.

DECLARACIÓN PROFÉTICA

Dios Todopoderoso, sé que tú me has llamado para un extraordinario ministerio en esta tierra. Sé que es una misión que debo cumplir. Te pido la fuerza, la firmeza, y la fe, para resistir la maldición del rechazo; la maldición de toda forma negativa como me llamen. Me levanto en fe y en la Palabra, tengo la templanza suficiente para vencer y esperar, sabiendo que tu bendición está conmigo, y cada palabra que me has dicho y revelado se cumplirá. En el nombre de Jesucristo... Amén.

El enfoque principal es su llamado

"Y crecieron los niños; y Esaú fué varón sabio en la caza, hombre del campo: Jacob empero era varón sincero, que estaba en las tiendas. Y amó Isaac a Esaú, porque comía de su caza. Más Rebeca amaba a Jacob." Gen 25:27-28

Introducción
El llamado de Dios en su vida es lo más importante que existe entre el cielo y la tierra; pero a pesar que la atención no estaba puesta principalmente en Jacob, sino en su hermano, este joven aprendió a derrotar el espíritu de rechazo y desprecio. Él confesó, desde lo más profundo de su ser, la convicción que él era una persona escogida por Dios para un perfecto propósito en la tierra.

Verdad profunda
Usted puede hacer muchas cosas en la vida pero lo más importante es su llamado.

El pensamiento de Jacob
A pesar de que definitivamente Jacob era la persona predestinada por Dios para cumplir su propósito, tuvo que aprender a dominar al espíritu de rechazo que existía por el modelo tradicional. Como usted sabrá, en los tiempos antiguos los padres se enfocaban en el hijo primogénito; siempre lo mejor era para él. Por eso el texto bíblico dice que Isaac amaba a Esaú; porque era el primogénito. Pero la convicción de Jacob hizo que él prestara toda su atención en lo que era su llamado. Por lo tanto, mientras su hermano vivía afuera, él estaba atento en su casa, pendiente del momento cuando el eterno Dios le llamaría.

La convicción en su llamado

Era la seguridad en todo lo que Dios le había dicho que hacía que Jacob no se moviera de su casa. El espíritu callejero de Esaú mostraba cierta actitud de desprecio, y súper confianza donde pensaba que la tradición le aventajaba de su hermano. Esaú nunca pensó que lo ojos de Dios estaban sobre Jacob. Así dice el Espíritu Santo: Enfóquese en su llamado; es lo más importante entre el cielo y la tierra. Aunque exista una actitud de rechazo a su alrededor, persevere porque Dios le recompensará.

Siempre hay alguien que cree en usted

Cuando la Escritura dice que Rebeca amaba a Jacob, esto mostraba la convicción de alguien con revelación, que entiende que la persona rechazada es la que esta predestinada por Dios para cumplir su propósito. Nosotros somos como Rebeca para usted.
Independientemente de la actitud de desprecio que esté a su alrededor, nosotros creemos en usted. Tenemos la plena seguridad que es escogido por Dios y el Señor cumplirá su propósito en usted.

TIEMPO DE ORACIÓN PROFÉTICA

Dios Todopoderoso, en el nombre del Señor Jesucristo, entiendo que tú me escogiste para un propósito extraordinario en esta tierra. Me propongo, con todo mi corazón esperar en ti, aceptando la verdad de tu Palabra. Mi llamado no depende del reconocimiento humano, opera independientemente de las personas a mi alrededor. Acepto el desafío y la perseverancia, porque se cumplirá en mí todo lo que tú dijiste, cuando pusiste tus ojos en mí.

Aceptando su Llamado

"Y guisó Jacob un guisado; y volviendo Esaú del campo cansado, Dijo Esaú a Jacob: Te ruego que me des a comer de eso bermejo, que estoy cansado. Por tanto fué llamado su nombre, Edom. Y Jacob respondió: Véndeme hoy en este día tu primogenitura. Entonces dijo Esaú: He aquí, yo me voy a morir, ¿para qué pues me servirá la primogenitura? Y dijo Jacob: Júrame hoy en este día. Y él le juró, y vendió su primogenitura a Jacob. Entonces Jacob dio a Esaú del pan, y del guisado de las lentejas; y él comió, y bebió, y levantándose se fue. Y menospreció Esaú la primogenitura."

"Un día, cuando Jacob estaba preparando un guiso, Esaú llegó agotado del campo y le dijo: Dame de comer de ese guiso rojizo, porque estoy muy cansado. (Por eso a Esaú se le llamó Edom.) Véndeme primero tus derechos de hijo mayor, le respondió Jacob. Me estoy muriendo de hambre contestó Esaú, así que ¿de qué me sirven los derechos de primogénito? Véndeme entonces los derechos bajo juramento insistió Jacob. Esaú se lo juró, y fue así como le vendió a Jacob sus derechos de primogénito. Jacob, por su parte, le dio a Esaú pan y guiso de lentejas. Luego de comer y beber, Esaú se levantó y se fue. De esta manera menospreció sus derechos de hijo mayor." Gen 25:29-34 (en 2 versiones)

Introducción
Existen dos tipos de generaciones en la tierra: Personas que desprecian el propósito de Dios, y personas que lo anhelan profundamente.

La distracción de Esaú muestra el desenfoque de este joven con respecto al propósito divino. Él no anhelaba las riquezas del reino eterno de Dios.

Su concupiscencia estaba centrada en los deseos pasajeros de esta vida. Por otra parte, Jacob era esa persona perseverante, que sabía que lo más importante era el llamado del supremo Dios.

Verdad Profunda
La mejor decisión de su vida es aceptar el llamado de Dios para usted.

Mi llamado es más importante que la comida
La Escuela de Jacob muestra a una persona que reconoce que lo más importante entre el cielo y la tierra, aun que la comida, es su llamado. Es por eso que Jacob renunció a su comida temporal, por su comida eterna, que era su llamado.

Quiero que tome en cuenta algo: El llamado que Dios le ha hecho es más importante que algunas cosas temporales, que se puedan perder. En este caso, Jacob perdió su plato de comida, pero compró la bendición de la primogenitura; es decir la herencia de la bendición abrahámica.

La escuela de Esaú
La actitud de estar distraído en las cosas que no tenían que ver con el llamado, reflejaba cierta posición de desprecio en el corazón de Esaú, al plan de Dios.

Cuando Esaú dice, "*¿para qué quiero yo la primogenitura?,*" estamos hablando de alguien que no entendía su verdadera misión en esta tierra. Es por eso que hace el intercambio. El prefirió lo temporal y pasajero, que lo verdadero y eterno.

Hoy en día, puesto que usted ha reconocido a Cristo como Señor de su vida, tiene dos situaciones ante usted: Primero, la oportunidad de ser salvo, pero afanado por lo temporal y pasajero; y segundo, ser salvo y ser embajador de la Palabra más importante del mundo.

ORACIÓN PROFÉTICA
Dios Todopoderoso, en el nombre de nuestro Señor Jesucristo, dame las fuerzas y el carácter para aceptar lo que tú has dicho de mí. No permitas que nada de este mundo ficticio y temporal me robe la visión de tu propósito. Dios Todopoderoso, dame la fuerza, la

firmeza radical, el carácter para no fallarte en el llamado. No permitas Dios, que los apetitos pasajeros de esta vida me distraigan. Ayúdame a entender y a separar lo temporal y lo eterno. Dame las fuerzas para siempre escoger la vida. Que nada me saque del llamado que tú has puesto en mi vida. En el nombre de Jesús, amén.

Recibiendo la bendición por mi llamado

"Jacob se acercó y lo besó. Olió Isaac el olor de sus vestidos, y lo bendijo, diciendo: Mira, el olor de mi hijo. Como el olor del campo que Jehová ha bendecido. Dios, pues, te dé del rocío del cielo, y de los frutos de la tierra, y abundancia de trigo y de mosto. Que te sirvan los pueblos, y las naciones se inclinen delante de ti. Sé señor de tus hermanos, y ante ti se inclinen los hijos de tu madre. Malditos sean los que te maldigan y benditos los que te bendigan." Gen 27:27-29

Introducción
Existen muchas cosas importantes que puede lograr en esta vida; pero en verdad lo más glorioso es el llamado que Dios ha puesto en su vida. Este se activará plenamente, por la palabra profética que su líder espiritual pronunciará con sus labios. El día que Isaac bendijo a Jacob, nunca jamás este hombre fue igual; porque la palabra de un anciano desencadena un torrente de bendiciones eternas.

Verdad Profunda
Es necesario que esté atento día y noche a la palabra que sale de la boca de su cobertura espiritual. Lo que diga la autoridad espiritual a través de la profecía, puede estar seguro que se cumplirá.

Usted es el campo que el Señor creó
Dios tiene un pensamiento acerca de usted. Cuando Dios piensa en usted, el Dios Todopoderoso le vé como el Edén. En el llamado de Dios para usted hay triunfo, paz, y prosperidad. Usted es la restitución de todo lo que Adán perdió. Por su obediencia, Dios le recompensará con su plan y su amor. Los tiempos de miseria, de fracaso, y de frustración quedaron atrás. Para Dios usted es su Edén. Usted es el territorio fructífero, donde el estancamiento y la mediocridad quedaron atrás.

Dios le da el rocío del Cielo

Por responder al llamado de Dios, su vida estará llena de revelación y abundancia. En medio de los pueblos del mundo y de la crisis de las naciones, Dios siempre le inundará con su rocío de amor, esperanza y misericordia. El eterno será siempre su sustento. El llamado activa en usted la omnipotente palabra de esperanza y vida. Dios le capacitará con un torrente de bendición. Su vida estará inundada día a día, de luz y verdad. La lluvia de Dios siempre estará sobre su vida, y por lo tanto alcanzará los mejores resultados en todo lo que emprenda.

Los frutos de la Tierra

Una de las problemáticas que ocurren cuando uno no responde al llamado de Dios, es la esterilidad. Y así, de la manera Isaac le habló a Jacob, Dios activará en ti el poder de fructificar. Por el poder de tu obediencia y decisión queda anulada la herencia de pobreza, de miseria, de ruina y escasez; la herencia de pedir y estar abajo. Dios lo levanta como campo fructífero. En el nombre de Jesús de Nazaret, le multiplicará, y dará fruto de bien para vida eterna. Toda palabra de maldición, fracaso, confusión, esterilidad y debilidad, queda destruída totalmente en el nombre Jesús. Mi destino es llevar mucho fruto, y que el fruto permanezca para siempre.

Dios le pone en autoridad

El llamado de Dios, es como cuando se entrega una embajada en cualquier país del mundo. Usted es representante de Dios. Y todas las cortes celestiales le respaldarán cuando camine en obediencia. Es decir, Dios le pondrá como su vocero, su autoridad profética, y su gobierno. Eso ocurrió cuando Isaac le dijo a Jacob: *"Sé señor de tus hermanos."* Cuando usted decide obedecer al llamado, pasa a un sitio de poder y dominio. Dios le pone por encima; es decir, usted representa a Dios, y Él le respalda. El cielo completo le respalda. Nada, ni nadie podrá hacerle frente todos los días de su vida. Usted es el dominio de Dios sobre las fuerzas perversas de las tinieblas.

Quien le bendiga será bendito, y quien le maldiga será maldito

En la medida que usted viva para el llamado, van empezar a ocurrir dos cosas: Quien reciba la palabra que usted ministra será bendecido; y quien la rechace y se burle, entrará en maldición. Quien crea en usted, respete y reconozca su llamado será bendecido; y el que lo rechace sufrirá consecuencias. Este asunto es tan poderoso: La unción y el poder que el eterno ha puesto sobre usted. Y cuando alguien se mete con usted y le desprecia, está despreciando al mismo Jesús. Por el contrario, cuando alguien le recibe, está recibiendo al mismo Jesús.

Para concluir, podemos afirmar que responder al llamado de Dios es el máximo privilegio que existe entre cielo y tierra. Pasa de una vida limitada, a recibir la herencia eterna y extraordinaria que Dios tiene para usted.

ORACIÓN PROFÉTICA

Dios Todopoderoso, en el nombre de Jesús, yo acepto todo lo que tú has declarado para mí. Yo acepto que mi vida está escrita por ti. Yo acepto que soy el Edén. Acepto que soy plantío productivo. Acepto que soy una bendición andante. Acepto que yo nací para el éxito. En el nombre del Señor Jesucristo declaro que sí viviré para mi llamado. Yo represento las nuevas generaciones que Dios estableció en esta tierra para cumplir su misión.

La palabra profética está sobre mi Llamado

"Entonces Isaac llamó a Jacob, lo bendijo y le mandó dicien-
do: - No tomes mujer de las hijas de Canaán. Levántate, ve a
Padan-aram,[1] a casa de Betuel, padre de tu madre, y toma allí
mujer de las hijas de Labán, hermano de tu madre. Que el Dios om-
nipotente [2] te bendiga, te haga fructificar y te multiplique hasta
llegar a ser multitud de pueblos; que te dé la bendición de Abraham,
y a tu descendencia contigo, para que heredes la tierra en que ha-
bitas, la que Dios dio a Abraham.-" Gén. 28:1-4

Verdad profunda
Hay una Palabra sobrenatural sobre su llamado, tiene que creerlo,
Dios lo dijo, Dios cumplirá

No se contamine, valore su Llamado
Es necesario que usted entienda que la palabra profética siempre
lo va a proteger. Y las cosas grandes y maravillosas siempre tendrán un precio que pagar. Isaac le dijo a Jacob, *"no te contamines."*
Porque vienen muchas ofertas con falsas oportunidades y personas
falsas; modelos que usted no puede seguir. Aunque esto parece
duro, Isaac fue radical con Jacob cuando le dijo: *"No te juntes con*
las mujeres de Canaán."

Esta expresión quiere decir no procree hijos con ellas. Existen modelos de generaciones que no son dignas de imitar; y Dios en su
propósito con usted es celoso. Tiene que pensar en un proyecto
eterno: Las cosas viejas pasaron; para siempre de usted. Hay un
norte nuevo. Tiene que dejarse guiar por sus autoridades espiritua-

les. Por causa del gran llamado que Dios le ha dado, es necesario evitar la contaminación. La visión de Dios con usted es procrear una nueva generación de discípulos obedientes al llamado divino.

No se una a personas que maldigan su Llamado

El mandamiento principal de Dios para su vida, es hacer discípulos. Es decir, personas van a conocer a Cristo a través de usted y también serán formadas a través de usted. Esta es la herencia que usted va a dejar en esta tierra; cumplir la petición del Señor Jesús cuando dijo: *"Id hacer discípulos a todas las naciones."* De igual manera, el demonio tiene sus emisarios para promover la corrupción y el pecado sobre los pueblos. Dios le ha escogido para ser esa persona especial que enseñará y formará a otros en el camino de la vida.

Siempre piense en una descendencia para Dios

Lo más importante, son los hijos espirituales que usted va a dejar en esta tierra; ése será el fruto que presentará ante Dios. Usted podrá hacer muchas cosas buenas, pero Dios a nada de esto le dará importancia. Lo único que le interesa a Dios es fruto para vida eterna. Isaac, pensando en una generación que adorará a Dios, le prohibió a Jacob relacionarse con personas que no respetaran al Dios eterno. Por lo tanto en esta hora, es un tiempo para que usted respete a Dios, y respete a su llamado. Recuerde que ésta es la misión más importante entre el cielo y la tierra. Dejar una generación de luz, esperanza y vida. Que el día que usted no esté, ellos continúen la visión en esta tierra.

Siempre piense en la bendición de Abraham

Si algo le dijo Dios a Jacob, es que sería recompensado con la bendición de Abraham. Abraham fue el padre de la fe, que por su obediencia éste fue bendecido en todo. El primer ser humano que Dios respaldó en forma sobrenatural en esta tierra fue Abraham. El eterno lo ayudó todo lo que este hombre emprendió. A todo lo que le puso su mano, Dios lo prosperó. Todos los milagros fueron concedidos. Su mujer pudo dar a luz en contra de todos los pronósticos. Él recibió fuerza en medio de las debilidades. Derrotó la pobreza. Y cuando partió de esta tierra, lo hizo con una buena vejez sin sufrir ninguna enfermedad.

Abraham fue capaz de dejarlo todo por causa del propósito divino. Abraham le creyó a Dios, y fue recompensado. Tener la bendición que tuvo Abraham es la bendición más grande de la tierra. Dios ha predestinado esta bendición para usted, cuando le obedece.

Ser fiel al llamado de Dios es algo extraordinario; es incomparable el anillo de protección que se activa cuando obedecemos a Dios.

Obedecer tiene su recompensa. No hay nadie que haya determinado ser fiel al llamado de Dios que quede sin recompensa.

ORACIÓN PROFÉTICA

Dios Todopoderoso, en el nombre del Señor Jesucristo declaro que seré fiel al llamado. Pacto mi vida para su plan. Renuncio a las tentaciones. Renuncio a la vanidad y al hablar engaño. Dios eterno a ti sólo adoraré. Mis oídos están prestos para seguir tus instrucciones. Estoy dispuesto a todo. Acepto tu voz. Tu llamado en mí es lo más importante entre el cielo y la tierra. Por tanto, Dios del cielo, te honraré. Cueste lo cueste, sé que tengo recompensa, y tú me prosperarás. Amén.

Semana

2

Prefacio

*Así como Dios llamó a Josué después de la muerte de Moisés,
Dios le ha escogido a usted. El Todopoderoso escogió a Josué,
cuyo nombre significa Jehová salva, con una misión específica en la tierra.
En un momento de vacío de liderazgo, Dios lo escogió,
porque vio su corazón, así como le ha visto a usted,
para que responda y cumpla su gran misión en esta tierra.*

Escogido por Dios para cosas grandes

"Aconteció después de la muerte de Moisés, siervo de Jehová, que Jehová habló a Josué hijo de Nun, servidor de Moisés, y le dijo: - Mi siervo Moisés ha muerto. Ahora, pues, levántate y pasa este Jordán, tú y todo este pueblo, hacia la tierra que yo les doy a los hijos de Israel. Yo os he entregado, tal como lo dije a Moisés, todos los lugares que pisen las plantas de vuestros pies. Desde el desierto y el Líbano hasta el gran río Éufrates, toda la tierra de los heteos hasta el Mar Grande donde se pone el sol, será vuestro territorio.-"
Josué 1:4

Verdad Profunda
Dios siempre desafía a las personas con un llamado poderoso, cuando todo a su alrededor pareciera negativo. Lo grande de todo esto es que, todos los que le han respondido a Dios, han sido prosperados sobrenaturalmente en lo que han emprendido.

Moisés Murió
El llamado, es una expresión que representa el reemplazo del liderazgo en tiempos de crisis. Aparece la voz diciéndole que las cosas viejas pasaron; que es su turno de conquistar, poseer y ayudar a otros. La expresión, *"Moisés murió,"* es el gran reto que tenemos hoy.
Hay generaciones que hicieron algo en el pasado, pero ante el gran desafío que tenemos hoy, es necesario entender que ahora nos toca a nosotros provocar cambios radicales ante las naciones de la tierra.

Ahora le toca a Usted

Todos los reformadores, los hombres y mujeres que han impactado la historia de la humanidad, han sabido responder con eficacia al llamado de Dios: Ser sabios y atrevidos. Responderle a Dios es el máximo privilegio que alguien puede tener. Dios le dijo a Josué, *"ahora te toca a ti."* Usted está viviendo un tiempo histórico y profético de carácter especial, porque Dios ha fijado sus ojos en usted para que cumpla con sus planes; porque otros no lo pueden hacer. Hoy le toca a usted, su tiempo es ahora.

¡Levántase! Hay un Pueblo que lo Necesita

Dios le ha dado un liderazgo especial; un llamado poderoso en esta tierra. Hay muchas personas que le necesitan de inmediato. Cuando usted se levante y le responda a Dios, las cosas van a cambiar mucho. El pueblo seguirá su ejemplo de servir a Dios; el Todopoderoso le ha dado influencia. Hay muchas personas que, cuando le vean hablando distinto, dando ejemplo de una nueva vida, le seguirán por miles.

Todo lugar que Pise

Hay algo que Dios da en usted hoy: La unción y el dominio, a través de sus pasos; de tal manera que cada lugar que pise será pueblo de bendición para Cristo.

En usted se activa sobrenaturalmente el poder de conquistar y poseer toda casa, barrio, urbanización, ciudad, país, nación y continente.

Su llamado es a transformar vidas, mentes, y corazones; donde usted entre, Dios irá con usted conquistando.

Ahora sus pies son santos; y cuando usted entra a cada lugar, hay un impacto en el mundo espiritual. Dios pone todo bajo el dominio de sus pies, para que donde pise pueda poseer.

Dios le da Territorio

Hay territorios que Dios le da por posesión. Esto significa que Dios le da dominio para que implante el mensaje de vida y de esperanza a los pueblos. Esa zona que Dios le da es la que usted pisa con la planta de sus pies; por lo tanto, es tan poderoso su llamado que lo que pise, Dios ya se lo entregó. Jesús le dijo a sus discípulos que entraran a las casas, y dijeran *"paz a vosotros"*; porque al pisar la casa se activa la paz. Cada lugar donde ellos entraran, se transformaría en hogar de esperanza y vida.

Conclusión

Dios Todopoderoso, sé que lo más importante que existe entre el cielo y la tierra es cumplir con el poderoso llamado que tú has puesto en mí. Hoy, en el nombre de mi Señor Jesucristo, me levanto por la fe a conquistar, y a poseer territorios, pueblos, ciudades y naciones. Hoy, en el nombre de mi Señor, declaro que entro, tomo, y poseo. Declaro:

- *Entramos, tomamos y poseemos*
- *Entramos, tomamos y poseemos*
- *Entramos, tomamos y poseemos*
- *Entramos, tomamos y poseemos*
- *Entramos, tomamos y poseemos*
- *Entramos, tomamos y poseemos*
- *Entramos, tomamos y poseemos*

En el nombre de mi Señor derribamos el dominio del mal en mi pueblo y en mi gente; la hora de la conquista ya llegó.

Cuando responde a su Llamado, nunca podrá ser Derrotado

"Nadie podrá hacerte frente en todos los días de tu vida: como estuve con Moisés, estaré contigo; no te dejaré ni te desampararé."
Josué 1:5

Introducción
Cuando Dios le llamó, no fue para ser derrotado por nada, ni por nadie. La unción que el Eterno ha puesto sobre usted es sumamente fuerte, grande y poderosa; por lo tanto, es necesario que vea esto: Lo más grande que le ha ocurrido entre el cielo y la tierra es su llamado. No existe algo más importante en este mundo que su llamado. Cuando obedece a Dios, verá cosas que nunca ni siquiera pasaron por su mente. Es infinitamente grande lo que Dios tiene preparado para usted.

Verdad Profunda
Cuando responde al llamado de Dios, es como un gran gigante que va delante de usted aplastando a sus enemigos. Por eso, es necesario que crea de todo corazón, que lo mejor que le ha ocurrido es su llamado.

La derrota No es para usted
Cuando Dios llamó a Josué, fue con palabras de vencedor: *"nadie te podrá hacer frente en todos los días de tu vida."* La maldición de la derrota no es para usted; Dios le ha predestinado para el éxito. Todo lo que se le presente será derrotado por Dios. En usted está la unción del Espíritu Santo. El Espíritu de más que vencedor esta en usted, y Dios ha activado su fuerza sobre su vida para que nunca sea derrotado. Usted no nació para el fracaso; su vida está sostenida

por la mano de Dios.

Como estuve con Moisés

Usted tiene un modelo de respaldo poderoso, sobrenatural y divino: El Dios de Moisés.

Dios, a través de Moisés, derrotó con la sangre del cordero al imperio faraónico, enemigo de Dios y de su pueblo. El mismo Dios que hizo posible que fuese derrotado Faraón y su ejército, ese Dios que abrió el mar rojo para que Israel pasara en seco. Les dio pan (maná) del cielo. De día los protegía con columna de nube, y de noche los alumbraba con columna de fuego. El que hizo tantos prodigios frente a los ojos de todo aquel pueblo, es el mismo Dios que le llamó. Ése es el Dios que le respaldará a usted en todo lo que emprenda. Dios le dice hoy: *"Como estuve con Moisés, estaré contigo."*

No le Dejaré

La seguridad ante su llamado es que el Eterno nunca le dejará; su amparo, cobertura y protección siempre estarán con usted. No es la mano del hombre que está sobre usted, ni la fuerza humana; es el abrigo del altísimo, el manto protector de Dios sobre su vida que nunca, pero nunca le dejará. Está protegido(a) por Dios.
  Por lo tanto, avance en obediencia en todo lo que el Eterno le ha dicho y verá la gloria sobrenatural de Dios en su vida, desde ahora y para siempre.

Verdad profunda

EL llamado es un manto protector que le libra del enemigo.

No le Desampararé

La protección de Dios está sobre la vida de cada persona que Dios llama. Es necesario entender que el Todopoderoso ha puesto su sombra protectora sobre usted y su familia, por causa del llamado divino.

El amparo divino lo protege de todo dardo del enemigo. Es necesario que entienda que si Dios le guarda, nada que invente el enemigo le puede destruir. Dios nunca le desamparará; Él cumplirá cada palabra y le protegerá, como protegió a Moisés y a Josué.

Millones sienten la crisis que los dejen abandonados en el camino, pero el Eterno dice: No le desampararé. Por lo tanto, no tenga temor. La buena mano de Dios está sobre usted; siempre le respaldará.

Conclusión

Hay cosas que nunca puede permitir en su vida, cuando respondes al llamado de Dios. No puede permitir que la maldición del temor le perturbe, ni que la inseguridad le robe la paz suya, ni la de su familia. Es necesario entienda que cuando le obedece al eterno llamado de Dios, usted no tiene nada que temer, ni por qué sufrir de la maldición de la inseguridad.

PROFECÍA

Declaro, en el nombre de nuestro Señor Jesucristo, que la buena mano de Dios está conmigo, protegiéndome poderosa y sobrenaturalmente.
Por lo tanto:

Estoy protegido por Dios.
Dios está delante de mí en todo lo que emprendo.
La inseguridad no es parte de mi vida;
Dios está conmigo y venceré...

El Carácter ante su Llamado

"Esfuérzate y sé valiente, porque tú repartirás a este pueblo como heredad la tierra que juré dar a sus padres." Josué 1:5

Introducción
Por causa del llamado divino, es necesario que entienda la necesidad de tener firmeza y seriedad, en el santo llamado que Dios ha puesto sobre su vida. Es necesario que sepa que tiene un enemigo, y es su carácter. Cuando su carácter es perturbado por la maldición de la inconstancia, o tiene ataques de inseguridad y temor, así no podrá conquistar.

Verdad Profunda
El enemigo más grande que usted necesita derrotar podría estar en usted mismo. Dios nunca le dijo a Josué que su enemigo grande era Satanás. Pero al llamarlo, lo primero que le dijo fue, *"es necesario que tengas firmeza de carácter, porque la inconstancia podría ser su peor enemigo."*

Esfuérzese
Todos los días es necesario aprender a decir no a la maldición del desánimo y a la inconstancia. Por eso, Dios le dice a usted hoy las mismas palabras que le dijo a Josué: *"Esfuérzate y sé valiente."*
Es necesario que luche contra toda las trampa que el enemigo quiera poner ante usted, para desanimarle. Usted necesita tomar dominio sobre su carácter y sobre todo lo negativo que venga en contra de su llamado. Esfuérzese y verá la mano de Dios en grande sobre su vida. Para poder conquistar lo externo, necesita conquistar en su vida internamente, reprogramándose, con un alto nivel de orden y disciplina.

Sea Valiente

La valentía es uno de los grandes desafíos que Dios quiere activar en usted. Es necesario aprender a decir no cuando la presión del enemigo viene en contra del propósito de su llamado y es necesario decir sí, cuando tiene que desarrollar metas, y el enemigo quiera decirle que no las logrará.

La valentía es la cualidad más maravillosa que alguien pueda alcanzar. Ser valiente no es matar a otro; es decir que usted cree lo que Dios dice, obedecer lo que Dios le habló, y hacer todo lo que Dios estableció en su propósito diario para usted, sin cuestionar nada.

Usted Repartirá

Dios tiene un programa de alto nivel, y metas extraordinarias para usted. Dios le ha puesto como administrador de su cosecha, y por lo tanto usted repartirá y ayudará a otros a tener herencia.

Dios le ha visto con ojos de amor y misericordia, y le escogió. El eterno puso sus ojos en usted. Como punta de lanza es usted para ser de bendición a toda su familia, y miles de personas.

Conclusión

Entendiendo que la batalla más grande que tenemos los humanos está en nuestro carácter, por la maldición de la inconstancia y el desánimo. Muchas personas emprenden cosas, pero nunca las terminan. Otros, en medio de las presiones, piensan que Dios los abandonó. Sabiendo esto necesitamos trabajar con firmeza y disciplina, e invocar al Espíritu Santo, para que nos ayude en todo esto; porque para establecer la conquista, y desarrollar su llamado con eficacia, Dios necesita la firmeza en usted. Desarrollando firmeza y valentía garantizará que en todo lo que emprenda prospére.

PROFECÍA

Dios Todopoderoso, hoy creo que no te fallaré. Tomo dominio y autoridad sobre mi mente, mi voluntad y mis emociones. Declaro que me mantengo firme, creyendo en tu propósito. Tú cumplirás tu propósito en mi, desde ahora y para siempre. Tengo la plena seguridad y confianza que tú me cumplirás, Amén....

Cuide su llamado:
Después de oír, hay que actuar

"Solamente esfuérzate y sé muy valiente, cuidando de obrar conforme a toda la Ley que mi siervo Moisés te mandó; no te apartes de ella ni a la derecha ni a la izquierda, para que seas prosperado en todas las cosas que emprendas." Josué 1:7

Introducción

Cuando nosotros escuchamos la voz de Dios, es necesario que seamos capaces de actuar con firmeza y fe, creyéndole a Dios. Lo correcto después de oír de parte del Señor, nuestro llamado, es actuar. Hay que moverse a hacer lo que se nos dijo. Nunca será una bendición quedarnos con la voz de la profecía. Millones se quedan sólo en el recuerdo, lo que Dios dijo. Pero para ver los mejores resultados en nuestro llamado, es necesario actuar.

Verdad profunda

Actuar, haciendo lo que Dios nos ha dicho que hagamos, es el único camino para ver cumplidos los sueños del Todopoderoso, a favor suyo. Actuar es la verdadera demostración de que nosotros le estamos creyendo a Dios.

La Valentía

Es semejante a la templanza, como usted sabe es un fruto del Espíritu. La valentía hace que usted nunca deje de hacer lo que Dios le ha llamado a hacer. La valentía hace que no se amedrante, sino que persevere en la orden divina y no deje de estar activo hasta que se termine la obra. Miles de personas que son llamadas por Dios, en medio de las presiones no perseveran o cuando existe una gran resistencia, reniegan de Dios y hasta del llamado que el Eterno les hizo. Usted no puede ser de los que a cada momento están cambiando de parecer; usted es firme y muy valiente. Nunca olvide que el Dios que le llamó, cumplirá todo conforme a su eterno poder y autoridad.

Esfuérzese en hacer Todo

Nunca dejé las comisiones divinas a mitad de camino; eso es peor que no hubiese hecho nada. Cuando usted emprenda algo para Dios, párese firme hasta que termine, y usted verá la gloria de Dios en su vida para siempre.

Desafiados a tener la Firmeza de Dios

"Sed, pues, vosotros perfectos, como vuestro Padre que está en los cielos es perfecto." Mat 5:48

Este versículo lo habló Jesús, en el Sermón de la Montaña. Por tanto, es de suma importancia tener buen carácter.

Una de las grandes realidades que necesitamos desarrollar es el carácter del Padre en nosotros. La perfección del Padre está cargada de amor por la visión y de firmeza divina en lo que Dios determina hacer. En el carácter del Padre no existe la crisis de la inconstancia. En el carácter del Padre, no hay sombra de variación. Dios es perfecto en su sentir, y constante en su metas y sueños. De esa misma manera, Dios quiere que usted sea tan firme como la roca. Dios quiere que se mueva con un carácter controlado por la perfección de Dios.

Dios transformó el carácter de Simón Pedro; lo convirtió en roca. El nombre Simón significa caña partida. Esto revela falta de firmeza e inconstancia en todo lo que emprendía; por lo tanto, es necesario estar firmes ante Dios y moverse en autoridad, diciéndole a Dios, *"líbrame de la maldición de la inestabilidad. Hazme firme."* La única manera de conquistar, es que sea firme ante todo lo que emprenda.

Dios sabe lo que quiere y persevera en eso

Así debe ser usted: No debe estar cambiando a cada momento. Es necesaria la perfección. Esto es carácter, fe, valentía, firmeza y determinación. En la medida que usted sea firme y valiente conquistará todo lo que proponga en su corazón.

ORACIÓN PROFÉTICA

Dios Todopoderoso, hoy te pido perdón, porque muchas veces empezaba cosas y no las terminaba. Dame la firmeza de carácter semejante a Jesucristo, de manera que pueda alcanzar las metas. Ayúdame a terminar la obra; desarrolla el carácter del padre en mí, de modo que pueda ser una persona confiable en los negocios de tu reino. En el nombre de Jesús, te lo pido. Amén...

Cuida la visión, cuide su boca

"Nunca se apartará de tu boca este libro de la Ley, sino que de día y de noche meditarás[9] en él, para que guardes y hagas conforme a todo lo que está escrito en él; porque entonces harás prosperar tu camino, y todo te saldrá bien." Josué 1:8

Introducción

Uno de los grandes enemigos que puede enfrentar una persona con llamado divino podría ser su boca, si no la sabe usar. Ya que cada vez que usted habla se está conectando con el éxito o con la derrota, por lo tanto, sabiendo lo delicado del hablar, es necesario ser firmes y asegurarse de que todo lo que usted diga esté de acuerdo con la palabra de Dios. Sólo así su éxito estará asegurado.

Verdad Profunda

Sólo hablando fe y confesando la Palabra que Dios le ha dicho, usted garantizará el éxito en los sueños y las metas que ha emprendido. No olvide que su boca es instrumento profético de Dios para ver el resultado de lo que Él predestinó para usted.

Nunca se aparte de su Boca

Existen muchos líderes que también son llamados a conquistar, y que el Eterno les ha hecho un extraordinario llamado, para ver sus maravillas. Pero el poco éxito que tienen, está vinculado a que sus labios dicen cosas que no están alineadas con lo que Dios les ha dicho.

Muchos cambian lo que Dios les ha dicho, por recomendaciones de humanos, las costumbres de otras personas, e inclusive su propia cultura. La única manera de que usted tendrá el éxito soñado garantizado, es que nunca se aparte de usted el consejo divino; es decir la Palabra de Dios. No se olvide que nunca, significa nunca.

Lo que dice el Libro, es la Voz de Dios

En la medida que usted se convierte en un experto conociendo el consejo de Dios, podrá crecer con éxito seguro. Jesucristo dijo: *"El cielo y la tierra pasarán, pero mis palabras no pasarán."* Mateo 24:35

Cada versículo profético de la Palabra de Dios, es suficiente para que usted active el poder milagroso de Dios en su vida. Es necesario que usted hable la Palabra; es necesario que usted llene su mente de versículos de fe y poder, y en todo momento los confiese. Pues cada vez que repita lo que dicen las Sagradas Escrituras, la boca de Dios habla a través de usted y está creando milagros. Hablando lo que Dios le ha dicho, está operando sobrenaturalmente.

Murmura la Palabra de día y de noche

"Este libro de la ley no debe apartarse de tu boca, y día y noche tienes que leer en él en voz baja; a fin de que cuides de hacer conforme a todo lo que está escrito en él; porque entonces tendrás éxito en tu camino y entonces actuarás sabiamente." Josué 1:8

La meditación diurna y nocturna le fortalecerá en medio de cualquier circunstancia. La meditación, es decir el continuo repetir de la Palabra en voz baja, activa en forma acelerada todo tipo de milagros que usted necesita. Cada vez que usted murmura la Palabra, está repitiendo, está creando y operando en milagros sobrenaturales. *"Y dijo Dios: Sea la luz, y fue la luz."* Génesis 1:3. La meditación en voz baja, de día y noche, garantizará que en medio de toda situación, verá la gloria de Dios en su vida. Usted necesita conocer y operar conforme al ejemplo del Dios en Génesis capitulo uno, donde Dios todo creó hablando, cada vez que Dios decía algo, aparecía.
Éste es el mismo secreto que Dios le dio a Josué. Es decir, la confesión de la Palabra de Dios es una de las herramientas más poderosas en el mundo profético.

Hará prosperar su Camino

Dios ha diseñado la prosperidad para ti, y para tu familia el éxito. En la medida que tú confieses la Palabra de Dios, *"entonces harás prosperar tu camino."* Eso implica que en las distintas batallas que se le presenten día tras día, siempre vecerá. Nunca acepte la derrota como normal. El destino para usted es el éxito. Su vida está escrita por la mano de Dios; usted es predestinado para el triunfo, para la luz, y para disfrutar las grandezas de Dios en su vida desde ahora y para siempre.

Y todo le saldrá Bien

No hay nada ni nadie más entre el cielo y la tierra, que le garantice el bien como la bendita Palabra de Dios. En la medida que usted crea, confieses y actué, verá como la manifestación sobrenatural del bien de Dios nunca se apartará de usted y de su familia. La única manera de que todo le salga bien, es que confiese la Palabra de día y de noche.

DECLARACIÓN PROFÉTICA

En el nombre de nuestro Señor Jesucristo, yo no soy cualquier cosa. Y hago el pacto con mi Dios, de que todos los días de mi vida confesaré la Palabra de Dios, y retirare de mis labios todo lo que no esté de acuerdo con la Palabra de Dios. Hoy hago un pacto con Cristo, y confesaré de todo corazón las Sagradas Escrituras, y así sé que siempre venceré. Amén.

En su Llamado:
Obre en el Poder del Tres

"Id por el campamento y dad esta orden al pueblo: - Preparáos comida, porque dentro de tres días pasaréis el Jordán para entrar a poseer la tierra que Jehová, vuestro Dios, os da en posesión-."
Josué 1:11

Introducción

Usted nunca puede permitir que la profecía se quede en el aire; debe ser de los que de inmediato, cuando Dios le diga algo, le crea y actúe rápido, así como Josué. Este hombre llamado de Dios, entendió con mucho sentido de responsabilidad; que era el tiempo de Dios para avanzar y poseer. Si él no actuaba, podía perder toda la gracia y la fuerza divina que estaba manifestada a su favor. Josué entendió que ya había meditado suficiente, y ya había llorado sufiiente. Era tiempo de actuar, y en tres días tenía que poseer la tierra.

Verdad Profunda

Cuando usted actúa con metas precisas, asegura la conquista divina. Por eso, Josué dijo: *"En tres días."* Allí estaba implícito el propósito omnipotente de la conquista. Josué le puso fecha a su posesión; nunca dudó de lo que le dijo Dios.

Entienda el tiempo de Actuar

En la vida cristiana, es necesario entender el tiempo que debemos actuar, para poder conquistar. Existen millones de personas que sólo se quedan pensando en lo que Dios le dijo, y en la visión que tuvieron, y nunca actúan con firmeza. A usted no le conviene claudicar.

Josué creyó, y dijo, *"dentro de tres días."* Si éste ungido de Dios se hubiera quedado pensando, y no le pone tiempo y fecha a su posesión, nunca hubiese conquistado la tierra de Canaán.

Visualice el Cruce en el Tiempo 3

"El cruce lo haremos en tres días." Esas fueron las palabras de Josué a los ancianos. Esto de cruzar en tres días y poseer, es una revelación profética de alto nivel. Yo entendí que las metas y organizaciones para cosechar, deben hacerse utilizando el poder profético del número tres; porque allí está implicado el poder de la resurrección. *"Id por el campamento, y dad esta orden al pueblo: Preparáos comida, porque dentro de tres días pasaréis el Jordán, para entrar a poseer la tierra que Jehová, vuestro Dios, os da en posesión."* Josué 1:11

Las metas de Posesión

El espíritu de conquista y posesión nunca obra con la maldición de la inseguridad. Al contrario, éste es un espíritu de perfecto orden en el tiempo de conquista. Necesitamos radicalidad en la conquista. Josué dijo, *"dentro de tres días";* y esto revela que no hay nada que se logre en esta vida sin metas precisas.

El Poder de la Visualización

Josué le dijo a los ancianos de Israel, *"en tres días estaremos poseyendo."* Es necesario que usted declare el tiempo preciso cuando usted debe poseer. Josué dijo: *"En tres días."*

Nunca viva sin Metas

Millones de personas quieren conquistar, pero no tienen ninguna meta precisa, donde haya un tiempo evaluativo de lo que quieres. Para conquistar en esta vida, es necesario tener metas radicalmente precisas. Y Josué dijo: *"En tres días."*

Trabaje con fechas Evaluativas

Josué dijo: *"En tres días."* Esto es una de las verdades que pueden transformar su carrera por completo, si quiere lograr las metas de

Dios. En su llamado, acepte la necesidad de ser evaluado, y la radicalidad de metas precisas. En ninguna organización seria del mundo, le permiten a usted funcionar sin metas exactas, ni dirección. Nunca tenga temor a ser evaluado. Josué dijo, *"he determinado que en tres días conquistaremos."*

Nadie podrá poseer sin metas Concretas
Es necesario que, de forma radical, usted renuncie a la maldición de la improvisación, para cumplir con el llamado divino y poder verlo plenamente cumplido. Es necesario aceptar el desafío de estar sujeto a las metas concretas.

Nadie puede poseer, Si no vé lo que Dios vé
Josué se levantó, y no se imaginaba estando en el desierto, Josué se imaginaba cruzando al otro lado del río; es decir, Josué cosideraba todo lo que Dios le había dicho, como un hecho. Por eso, al hablar con los ancianos de Israel, este hombre sabía que había llegado la hora de actuar.

ORACIÓN PROFÉTICA
Dios Todopoderoso, ha llegado la hora de poseer y conquistar, en el nombre de Jesús. Renuncio a la improvisación. Lo que quiero, a partir de hoy, es organizar mi vida en el orden de Dios, y sé que veré los mejores resultados de mi vida. Amén...

MI LLAMADO

"Pero Jehová había dicho a Abram: Vete de tu tierra y de tu parentela, y de la casa de tu padre, a la tierra que te mostraré." Gen 12:1

Introducción

Es necesario que usted, como persona que entiende que lo que está pasando en su vida es la experimentación de un poderoso llamado divino, tenga el cuidado de aprender a estar atento a la voz de Dios. No oír la voz de Dios, para el ser humano que es llamado por Dios, es sumamente peligroso. Lo único que le garantiza a usted el éxito, es que todo lo que emprenda sea en obediencia a la voz de Dios.

Verdad Profunda

Todo persona llamada por Dios, que por descuido espiritual deja de oír la voz de Dios, corre el grave peligro de cometer los peores errores de su vida, y con su llamado.

Pero Jehová había dicho a Abraham

Lo único que llevó al éxito la fracasada vida de Abraham, fue la capacidad que éste tuvo de oír la voz de Dios. No fue una emoción transitoria la que él experimentó; en su espíritu oyó la voz de Dios, y la creyó. Usted puede estar seguro que no fue por truenos, ni en relámpagos, que este hombre de Dios recibió el llamado divino. Abraham sintió exactamente lo que usted está sintiendo en lo más profundo de su ser; y esto es el poderoso llamado de la voz de Dios.

La Voz de Dios Es Una Garantía

Cuando Dios le llama, comienza a mostrar cosas que no se entienden con la mente natural. La voz de Dios le da el camino sobrenatural para que alcances su extraordinaria respuesta. Cuando Dios habla, su palabra es una garantía. Usted necesita saber que es Dios el que se está comprometiendo con usted, y aunque no lo entienda todo, créalo.

"Haré de Ti una Nación Grande"
La voz de Dios lo saca de sus debilidades, y le lleva a la grandeza de Dios. Le saca de su pobreza y se compromete con usted a bendecirte. La voz de Dios toma sus debilidades y tropiezos, y le da lo contrario a lo peor que ha vivido. Por eso fue que Dios le dijo a Abraham, *"haré de ti una nación grande y te bendeciré."*
La voz de Dios le habla de una nación grande, a uno que no tiene hijos; porque su mujer era estéril de nacimiento. Eso parecía una aberración, pero fue la voz de Dios que le habló.

La Voz de Dios llega para Contradecir
Por lo general, cuando Dios lo llama, le presenta cosas que nunca ni siquiera pasaron por su mente; o sueños y visiones que usted ya consideraba muertos, porque pensaba que nunca se cumplirían. Dios le dice cosas que la mente humana o sus sentidos no pueden dominar. La voz de Dios le dice lo contrario a lo que usted está viviendo, y que hará de usted lo mejor.

Quebrantando La Sordera Espiritual
Es necesario que usted se vuelva experto(a) en oír la voz de Dios; porque allí está todo lo que tiene que ver con el éxito de su llamado. Porque su llamado no es una motivación humana, es una predestinación divina. Con esto no se puede jugar.
Es necesario renunciar a toda sordera espiritual. Jesucristo dijo que existen personas que tienen oídos, pero no oyen. Ellos no oyen, porque son espiritualmente sordos y es necesario renunciar a todo espíritu de sordera, y decir: *"Dios Todopoderoso, lo mas precioso que quiero, es oír tu voz."*

Es necesario desarrollar un Oído Espiritual
Como el buen músico va desarrollando el oído para percibir el in-

finito mundo musical, usted debe empezar, paso a paso, oyendo a Dios, cada vez que oiga a Dios, siempre vencerá y saldrá adelante. Y cada vez, su sensibilidad aumentará más y más. Usted necesita afinar su oído a la voz de Dios; porque en la medida que le oiga con claridad, podrá avanzar con mayor seguridad.

DECLARACIÓN PROFÉTICA

Dios Todopoderoso, hoy te presento mis oídos, y te pido que rompas con la maldición de la sordera espiritual. Dios eterno, en el nombre de Jesucristo tu hijo, te digo de todo corazón que necesito oír tu voz; todos los días, minuto a minuto, segundo a segundo. Dios eterno, así como le hablaste a Abraham, y éste creyó, hoy yo creo tu Palabra, y acepto de todo corazón la verdad de tus palabras. Ayúdame a crecer en este campo, para que nunca cometa errores o sea engañando. Te lo pido en el nombre de Jesucristo, Amén.

Semana

3

Prefacio

Por tanto, es por fe, para que sea por gracia, a fin de que la promesa sea firme para toda su descendencia; no solamente para la que es de la ley, sino también para la que es de la fe de Abraham, el cual es padre de todos nosotros. (como está escrito: Te he puesto por padre de muchas gentes) delante de Dios, a quien creyó, el cual da vida a los muertos, y llama las cosas que no son, como si fuesen.." (Rom. 4)

Creyendo el Llamado

"Él creyó en esperanza contra esperanza, para llegar a ser padre de muchas gentes, conforme a lo que se le había dicho: Así será tu descendencia. Y no se debilitó en la fe al considerar su cuerpo, que estaba ya como muerto (siendo de casi cien años), o la esterilidad de la matriz de Sara. Tampoco dudó, por incredulidad, de la promesa de Dios, sino que se fortaleció en fe, dando gloria a Dios, plenamente convencido de que era también poderoso para hacer todo lo que había prometido." Rom. 4:16-21

Introducción
La actitud que le conviene tener, frente al extraordinario llamado divino, tiene que ser la de creer; porque cuando Dios lo llama, existe una contradicción entre lo que, por años, ha habido en su mente, y lo que Dios le dice ahora. Allí es donde tiene que atreverse a creerle a Dios, y moverse en fe. A través de la historia, las únicas personas de la humanidad que han visto la gloria de Dios, son los que se han atrevido a creerle a Dios.

Verdad profunda
Usted no es lo que usted tiene. Usted es lo que Dios dijo que usted es.

El Poder de Creerle a Dios
Cuando usted determina creer las palabras que el Todopoderoso le está diciendo, entra en el mundo sobrenatural de la fe, donde lo que es imposible para otro, es posible para usted. La vida de la persona llamada por Dios, tiene el reto a vivir por fe, en fe y para fe, creyendo en forma radical en la verdad de su Palabra.
Creerle a Dios, es entrar en sobrenaturalidad. Creerle a Dios, es en-

trar en un mundo infinito de posibilidades. Creerle a Dios, es hacer que lo que otros no pueden lograr, usted lo alcanzará porque aceptó el desafío del Dios de creer y operar en lo sobrenatural.

Y Abraham le Creyó a Dios

Esta expresión revela el riesgo que asumieron este hombre y su mujer, ante el portentoso llamado divino; ellos lo arriesgaron todo. Dios les dijo, *"salgan de Ur de los caldeos,"* y ellos lo hicieron; todo fue por fe. Se enfrentaron a muchas dificultades, pero fue lindo lo que lograron, por haberle creído a Dios. Este matrimonio pasó a la historia, por haberlo arriesgado todo. Su nombre y reputación, sus finanzas, y hasta su vida, fueron honrados, sólo por haberle creído a Dios.

El mundo está lleno de dos tipos de personas. Los que le creen a Dios, y los que no le creen a Dios. Lo importante de esta palabra, es que Dios nunca ha dejado avergonzado a quien se atreve creerle. Abraham y Sara son conocidos como los padres de la fe, porque le creyeron a Dios. Y por eso, pasaron a la historia, en contra de todas las circunstancias. Dios les respaldó por su gracia y misericordia.

Jesús lo dijo bien claro: *"Para el que cree, todo le es posible."* Así como Dios respaldó a Abraham y Sara, también le respaldará a usted y a su familia. Es imposible que el Todopoderoso le falle; por cuanto usted es creyente, y sabe que la buena mano de Dios está sombre usted.

Cuando le crees a Dios, El poderío divino está a su Favor

Cuando alguien le cree a Dios, lo importante es lo que pasa en el mundo espiritual; y esto es el respaldo de todo los recursos que el Eterno tiene disponible, sólo reservados por su obediencia a Cristo. Entienda esto: Toda la fuerza invencible y creativa de la eternidad está disponible a su favor. La mente humana no comprende el eterno, sobrenatural e invencible poder que se activa al creerle a Dios. Es imposible que el eterno Creador no le cumpla, cuando le cree a Él.

Mi Pacto de Vivir Creyéndole a Dios
Confesión Profética

Dios Todopoderoso, propongo en mi corazón, en plena fe y certeza, creer tu Palabra. Entiendo que eres el único y todopoderoso Rey. Eres el Señor del Universo, y el que vive por los siglos de los siglos, para siempre; desde la eternidad y hasta la eternidad. Te pido perdón, porque durante mucho tiempo viví dudando de tu grandeza; tú eres lo máximo. Determino, con todo mi corazón, creer en plena certidumbre de fe, que todo lo que tú dices es la verdad; la única verdad. Viviré, todos los días de mi vida, creyendo tu Palabra. Propongo, en mi corazón, nunca jamás dudar de ti. Creo todo lo que tú dices, porque eres el soberano de la creación; eres el Señor del universo, y el Dios de la creación. Por tu palabra fueron hechas todas cosas, visibles e invisibles. Sé que es tu Palabra la que crea milagros; eres el Señor del universo y el soberano de la creación. Te creo; obedeceré tu llamado, y obedeceré tu voz, sin cuestionar nada. Porque tú me respaldas, y veré el cumplimiento de tu bendita Palabra en mi vida, en mi familia, y en mis discípulos. Declaro todo esto en el nombre de Jesús. Amén.

Obedeciendo al Llamado

"Y dijo Dios: Por mí mismo he jurado, dice Jehová, que por cuanto has hecho esto, y no me has rehusado tu hijo, tu único hijo, de cierto te bendeciré, y multiplicaré tu descendencia como las estrellas del cielo y como la arena que está a la orilla del mar; y tu descendencia poseerá las puertas de sus enemigos. En tu simiente serán benditas todas las naciones de la tierra, por cuanto obedeciste a mi voz." Gen 22:6-18

Introducción

Vivir en obediencia, es la única manera de demostrar que le creemos a Dios. Cuando Dios le dice algo, demuestra que le cree, según la profundidad de su obediencia. Si usted dice que Dios le ha dicho muchas cosas, pero no le obedece, está creándose condenación, en lugar de bendición. Si realmente le cree a Dios, es necesario, que le obedezca en todo.

Verdad Profunda

La obediencia es la máxima expresión de la fe. Cuando usted le obedece a Dios, sin titubear, es porque realmente está asegurando tesoros del cielo. El llamado de Dios le lleva a requerir decisiones inentendibles para la mente humana, por lo limitado de la razón y los sentidos; pero lo más importante es que todo esfuerzo de fe tiene recompensa sobrenatural y milagrosa. Dios, desde el principio de su llamado, le dijo a Abraham, *"vete de tu tierra y de tu parentela, a la tierra que te mostraré;"* y Abraham salió de su tierra, como Dios le había pedido.

Por lo general, existen muchas ataduras sentimentales que Dios le llama a romper; y eso es necesario, para realmente demostrar que le creemos a Dios. Cuando Dios le llama, y le dice deje, hay que obedecer; aunque algunas de las cosas que Dios le pide sean duras, porque están ligadas al sentimiento, la cultura, el alma, la razón, los sentidos e inclusive costumbres de toda su vida. Pero si le cree a Dios, el Eterno le dará mil veces más de lo que usted deje, por causa de su obediencia. Dios quiere asegurarse que no haya nada que usted ames más que a Él.

Dios prueba nuestra obediencia, pidiéndonos cosas que nos gustan y nos duelen
"Y creyó a Jehová, y le fue contado por justicia. Y le dijo: Yo soy Jehová, que te saqué de Ur de los caldeos, para darte a heredar esta tierra. Y él respondió: Señor Jehová, ¿en qué conoceré que la he de heredar? Y le dijo: Tráeme una becerra de tres años, y una cabra de tres años, y un carnero de tres años, una tórtola también, y un palomino. Y tomó él todo esto, y los partió por la mitad, y puso cada mitad una enfrente de la otra; mas no partió las aves. Y descendían aves de rapiña sobre los cuerpos muertos, y Abram las ahuyentaba." Gen 15:6-11

A todas las personas que Dios ha llamado para hacer cosas grandes y extraordinarias, les ha llamado a hacer ofrendas de sacrificio, para probar su corazón. Dios les ha pedido cosas que les gustan mucho, y que les duelan dar. Pedro dejó su barca; Bernabé vendió su hacienda; María Magdalena rompió el frasco de alabastro que quería mucho; en el caso de Abraham, Dios le dijo que le diera animales, y aves de su negocio; y Dios fue específico en edad y calidad. El Eterno quería probar el nivel de su obediencia.

Primero, Dios le pide cosas que están vinculadas a sus sentimientos; luego, cosas que están vinculadas a logros que ha obtenido con sacrificio. Así va creciendo el llamado divino, hasta perfeccionarse en la obediencia. Usted tiene que vivir en obediencia; y en la medida que le obedezca, alcanzará la plenitud de todo lo que el Eterno le dijo que le daría.

El Camino para Alcanzar la Plenitud de la Obediencia
Dios probó el corazón de Abraham. Después de haber esperado veinticinco años para que se cumpliera el nacimiento de su hijo, en quien reposaba la promesa de que Dios haría de él una nación

grande, Dios volvió a probar el corazón de Abraham. Ahora no le pide animales, le pide a su hijo. Dios lo hizo, cuando Isaac ya tenía 33 años de edad. Dios se lo pide en ofrenda de sacrificio, para probar su obediencia; porque la vida de Abraham no podía entrar a otro nivel milagroso, si no no entraba en un nivel de obediencia más profundo. Hay cosas que son fáciles dar o dejar; pero hay cosas que muchas veces están muy arraigadas al corazón del creyente; y Dios, para probarte plenamente, te las pide. Veamos el texto bíblico:

"Aconteció después de estas cosas, que probó Dios a Abraham, y le dijo: Abraham. Y él respondió: Heme aquí. Y dijo: Toma ahora tu hijo, tu único, Isaac, a quien amas, y vete a tierra de Moriah, y ofrécelo allí en holocausto sobre uno de los montes que yo te diré." Gen 22:1-2

Decir, *"heme aquí,"* cuando esto parece una aberración, es para valientes. Dios le pidió a Abraham el hijo amado; todo para probar su corazón. Lo otro curioso es que en ese hijo era al que Dios había hecho la promesa de multiplicación; pero la Escritura dice que era tan firme la fe de Abraham, y su deseo de obedecer a Dios, que sabía que aún de los muertos Dios lo podía levantar, si lo sacrificaba.

"Y dijo Dios: Por mí mismo he jurado, dice Jehová, que por cuanto has hecho esto, y no me has rehusado tu hijo, tu único hijo, de cierto te bendeciré, y multiplicaré tu descendencia como las estrellas del cielo y como la arena que está a la orilla del mar; y tu descendencia poseerá las puertas de sus enemigos."

La Obediencia Te introduce en el Juramento de Dios
Cuando usted demuestra que está dispuesto(a) a obedecerle a Dios, por encima de todo, y hace exactamente lo que Dios le pidió que hiciera, allí es donde empiezas a ver la sobrenaturalidad del juramento de Dios. El juramento de Dios es el compromiso del Dios omnipotente, determinado en bendecirle por su obediencia. Mi recomendación es que nunca dude de Dios; obedézcale, y verá su gloria manifestada todos los días de su vida.

ORACIÓN PROFÉTICA

Dios Todopoderoso hoy he determinado obedecerte. Mi eterno creador, dame el carácter y la fuerza para no dudar de tu llamado; quiero obedecer tu voz y tu palabra, porque no hay nadie como tú. Sé que tu Palabra es fiel, firme, y verdadera; por lo tanto, he determinado que te obedeceré con todo mi corazón, desde ahora y para siempre. Renuncio a la rebeldía; creo tu Palabra. Haré todo lo que dices, y, aunque no entienda todo, he determinado que te obedeceré. En el nombre de Jesús, amén.

Semana TRES
Día 3

Que Nada le Distraiga en su Llamado

"Entonces Abram dijo a Lot: No haya ahora altercado entre nosotros dos, entre mis pastores y los tuyos, porque somos hermanos. ¿No está toda la tierra delante de ti? Yo te ruego que te apartes de mí. Si fueres a la mano izquierda, yo iré a la derecha; y si tú a la derecha, yo iré a la izquierda. Y alzó Lot sus ojos, y vio toda la llanura del Jordán, que toda ella era de riego, como el huerto de Jehová, como la tierra de Egipto en la dirección de Zoar, antes que destruyese Jehová a Sodoma y a Gomorra. Entonces Lot escogió para sí toda la llanura del Jordán; y se fue Lot hacia el oriente, y se apartaron el uno del otro. Abram acampó en la tierra de Canaán, en tanto que Lot habitó en las ciudades de la llanura, y fue poniendo sus tiendas hacia Sodoma. Mas los hombres de Sodoma eran malos y pecadores contra Jehová en gran manera. Y Jehová dijo a Abram, después que Lot se apartó de él: - Alza ahora tus ojos, y mira desde el lugar donde estás hacia el norte y el sur, y al oriente y al occidente. Porque toda la tierra que ves, la daré a ti y a tu descendencia para siempre. Y haré tu descendencia como el polvo de la tierra; que si alguno puede contar el polvo de la tierra, también tu descendencia será contada. Levántate, ve por la tierra a lo largo de ella y a su ancho; porque a ti la daré.-" Gen 13:8-17

Introducción

Cuando Dios lo llama, es necesario tomar carácter y firmeza para que si algo o alguien quiere robarle la visión, usted sea fuerte y se separe. En el caso de Abraham, era su sobrino; alguien que él había criado, porque su padre había muerto, y se lo trajo en su viaje. Definitivamente, hay personas que no entienden el poder y compromiso de nuestro llamado divino; y cuando esto está sucediendo, hay que decidirse por Dios. Vivir en pleitos, celos, y contiendas, crea retraso y nos distrae; por lo tanto, es necesario serle fiel a Dios, obedecerle al Todopoderoso, y que nada le distraiga en su llamado.

Verdad Profunda
No se deje afectar nunca por el sentimentalismo de personas que no entienden su decisión de servir a Dios. Ante su llamado, no se puede amedrentar por cualquier ligadura que le sea de tropiezo. Honra a Dios, y Él le recompensará.

Enfrentando Las Incomprensiones
El sobrino Lot no entendía la experiencia espiritual que Abraham estaba viviendo; y por eso, en vez de respetarle, provocaba contiendas y pleitos. Pero Abraham dijo: *"Esto no me puede robar la visión. Aunque me duela, tengo que tomar autoridad, y decirle a Lot que escoja su camino."*

No Se Deje Distraer
La distracción mata la visión. El demonio quiere que usted invierta su tiempo en distracciones; en lo que Dios no está de acuerdo. Por lo general, el enemigo trata de mantenerte ocupado, atendiendo cosas que definitivamente no le van a ayudar. Todo tipo de plan que le aleje del sueño de Dios, es enemigo del bendito llamado que el Eterno ha puesto en su vida.

Verdad Profunda
Que nada lo distraiga de su llamado, esto es lo mejor que puede hacer, no pierda la visión.

Enfrentando Decisiones Dolorosas
El desprecio que estaba experimentando Abraham era algo impresionante. Era su sobrino, la persona que él recibió siendo niño y el cual había criado. Usted tiene que estar preparado, muchas veces, a experimentar muchas presiones y desprecios de personas cercanas a usted. Esta persecución diabólica viene de familiares, y de seres queridos; y usted tiene que vencer ese dolor, decidirse por Dios, y él le recompensará.

Cuando se sienta despreciado, por creer en su llamado, ¿qué debe hacer?

Es necesario que piense que Jesucristo fue despreciado primero, por ser un Dios de amor por su pueblo. Su nación no lo quería; Jesucristo aun enfrentó la negación de sus íntimos amigos, y la traición de Judas. Pero Él nunca se detuvo; Jesús venció. Abraham también experimentó el desprecio de Lot; ahora le toca a usted.

Alze sus Ojos

Dios le dijo a Abraham: *"Levanta tu mirada. Alza tus ojos; no permitas que el dolor del desprecio y la traición te roben la revelación de tu llamado."* No permita que esta prueba le robe sus sueños. Dios le dijo a Abraham: *"Desde el lugar donde estás mira, y todo lo que ves lo daré a ti, y a tu descendencia. Y será tu descendencia incontable, como el polvo de la tierra y arena que está a la orilla del mar."*

Imponiendo la visión de Dios en usted por encima del dolor

La única manera de vencer el dolor y la depresión es soñando y pensando en todo lo que Dios ha dicho que hará con usted; repitiéndolo, y decretándolo por la fe. Dios le dijo a Abraham, *"alza tus ojos, porque tú veras mi gloria."* Es mejor perder cualquier cosa, pero que nunca se mueran los sueños que Dios le ha dado.

Usted llega sólo hasta donde llegue la visión

Hoy, más que nunca, tiene que soñar, porque soñando derrotará las luchas internas que se le distrae. Soñando derrotas las malas noticias, el miedo, el temor, y la traición. Por haber vencido la maldición del dolor, Abraham pudo conquistar, y que se cumplió todo lo que Dios le había dicho.

Los que le desprecian hoy, le necesitarán mañana

El mismo Lot, despreció a Abraham, porque no entendía su llamado; fue él que luego tuvo que ser liberado del cautiverio de Sodoma por Abraham. Y cuando Dios determinó destruir a Sodoma y Gomorra, fueron las oraciones de Abraham que movieron a los ángeles del Señor para que tuvieran misericordia, y rescataran a su sobrino del juicio sobre Sodoma.

Lo que le quiero decir, es que no se distraiga. Todo aquel que le desprecia hoy, es candidato de necesitarle mañana. Lo mejor es centrarse en su llamado y en la visión de Dios. Persevere, pues todo lo que Dios le ha dicho se cumplirá.

DECLARACIÓN PROFÉTICA

Dios Todopoderoso, en el nombre de tu hijo Jesucristo, me levanto en fe y en la Palabra; a través de esta Sagrada Escritura, acepto serte fiel. En el santo llamado que me has hecho, para ti, mi Dios, no hay nada imposible. Hoy recibo la fuerza y el carácter para impedir que sea distraída mi vida dela visión que me has dado. Ayúdame a honrarte con fidelidad.

Hoy determino serle fiel a Dios; nada me distraerá en la visión. Le seré fiel y permaneceré creyendo su Palabra, porque sé que su fidelidad está por encima de todo. Perdono a toda persona que me desprecia por seguir mi llamado. Sé que ellos me necesitarán, y les ayudaré en su momento. Pero por ahora, pongo mi mente, voluntad, y corazón en Dios, en su poder y en su Palabra. Seguiré soñando, creyendo y avanzando. En el nombre de Jesús... Amén.

Pactando por su Llamado

"Y él respondió: - Señor Jehová, ¿en qué conoceré que la he de heredar?- Y le dijo:- Tráeme una becerra de tres años, y una cabra de tres años, y un carnero de tres años, una tórtola también, y un palomino.- Y tomó él todo esto, y los partió por la mitad, y puso cada mitad una enfrente de la otra; mas no partió las aves. Y descendían aves de rapiña sobre los cuerpos muertos, y Abram las ahuyentaba."
Gen 15:8-11

Introducción

La palabra pacto es alianza o matrimonio. A través de todos los tiempos, en el mundo espiritual se usan los pactos para asegurar la fidelidad de las partes que se comprometen. Dios siempre ha pactado con los seres humanos que se han comprometido a seguir su camino, y responder su llamado. Dios pacto con Noé, con Abraham, Isaac, Jacob, con David y hoy día le está llamando para pactar para que se cumpla todo. Dios no tiene problema en cumplir, pero Él necesita que usted se comprometa con Él a hacer lo que a Él le gusta. La única manera de que se cumpla todo lo que Dios ha dicho para usted es pactando en compromiso de fidelidad firme.

Verdad Profunda

El llamado que Dios le ha hecho es un matrimonio entre usted y Él. El Todopoderoso quiere asegurar que usted le será fiel.

EL Poder de un Pacto

La ley del matrimonio existe para que las partes estén seguras de que el compromiso es serio. Cuando se tienen relaciones sin matrimonio, es decir sin pacto, no existe seguridad, ni compromiso. Por lo tanto, es necesario que en el asunto de su llamado, Dios tiene seriedad en todo lo que Él le promete, pero también quiere que usted se comprometa en forma total con Él.

Dios no quiere una relación insegura con usted. Dios quiere una relación bajo pacto; así usted es fiel al llamado, y Él a usted.

En todo pacto hay sacrificio

"Y tomó él todo esto, y los partió por la mitad, y puso cada mitad una enfrente de la otra; mas no partió las aves." Gen 15:10

Cuando Dios le dijo a Abraham que partiera los animales en dos partes, es decir por la mitad, allí está aplicando la ley del sacrificio, donde tenía que existir derramamiento de sangre. En ese esfuerzo y gran sacrificio, Abraham demostró que estaba decidido por su llamado.

Guerra contra las Aves de Rapiña

"Y descendían aves de rapiña sobre los cuerpos muertos, y Abram las ahuyentaba." Gen 15:11

La Palabra dice, que mientras Abraham partía los animales, venían las aves de rapiña, y Abraham las ahuyentaba. Esto habla de verdadera guerra espiritual. No hay cosa que le moleste más a Satanás que el hecho que alguien se case con Dios; porque una cosa es ser religioso, y otra cosa es ser un creyente en Dios que anda bajo pacto. Satanás, con sus demonios, haría cualquier cosa para que usted se quede en la mediocridad, y nunca se comprometa con Dios seriamente. Millones de creyentes en Dios no están bajo pacto; es decir, compromiso total con su llamado. La única manera que se le cumpla todo lo que Dios ha dicho en usted, es que se someta de todo corazón, bajo pacto con Dios, y no se duerma, para que no retrase el cumplimiento.

Verdad profunda

Dar ofrendas para Dios es uno de los misterios más poderosos que abren las puertas en su llamado

Aquel día Dios hizo un Pacto con Abram

"En aquel día, hizo Jehová un pacto con Abram, diciendo: A tu descendencia daré esta tierra, desde el río de Egipto hasta el río

grande, el río Éufrates." Gen 15:18
Hay fechas históricas en la vida de los seres humanos. Para uno es muy importante el día que uno nace, y el día de su boda. Pues en el mundo espiritual, lo más importante es cuando usted se casa con Dios; porque ese día, usted asegura el destino de sus familiares, y de todas sus generaciones futuras.

Un Poderoso Pacto

"Hermanos, hablo en términos humanos: Un pacto, aunque sea de hombre, una vez ratificado, nadie lo invalida, ni le añade. Ahora bien, a Abraham fueron hechas las promesas, y a su simiente. No dice: Y a las simientes, como si hablase de muchos, sino como de uno: Y a tu simiente, la cual es Cristo. Esto, pues, digo: El pacto previamente ratificado por Dios para con Cristo, la ley que vino cuatrocientos treinta años después, no lo abroga, para invalidar la promesa." Gal 3:15-17
El día que Abraham hizo el pacto, aseguró todo el futuro de su familia; aseguró su salvación, su salud, y su prosperidad. El pacto con Dios abre para siempre las ventanas de los cielos, y Dios sella su cumplimiento por el poder creativo de su Palabra.

ORACIÓN PROFÉTICA

Dios Todopoderoso, en el nombre de Jesucristo, hoy, de todo corazón, entro en casamiento total contigo. No quiero vivir una vida sin compromiso ante ti; hoy entro en plenitud de compromiso, y te ofrendo toda mi vida, mente, voluntad, y corazón, desde ahora y para siempre.
Hoy se establece un casamiento entre Dios y mi vida. Mi voluntad no existe; me entrego de todo corazón al santo llamado divino desde ahora y para siempre... Amén.

La bendición del Llamado

"Cristo nos redimió de la maldición de la ley, hecho por nosotros maldición (porque está escrito: Maldito todo el que es colgado en un madero), para que en Cristo Jesús la bendición de Abraham alcanzase a los gentiles, a fin de que por la fe recibiésemos la promesa del Espíritu." Gal 3:13-14

"Y haré de ti una nación grande, y te bendeciré, y engrandeceré tu nombre, y serás bendición." Gen 12:2

"Era Abraham ya viejo, y bien avanzado en años; y Jehová había bendecido a Abraham en todo." Gen 24:1

La palabra bendición es una de las más anheladas por los seres humanos en esta tierra; porque bíblicamente, las vidas de todas las personas que fueron alcanzadas por la bendición de Dios, nunca jamás fueron las mismas. Tener la bendición de Dios es un regalo grande glorioso y sobrenatural; es tener todo el respaldo divino en lo que emprendemos.

Verdad profunda
Cuando se responde el llamado de Dios, usted asegura el capítulo final de sus dias.

"Serás Bendición..."
Dios le había dicho a Abraham que sería bendición. No solamente le dijo que tendría bendición, sino que sería bendición. Lo fuerte y poderoso es que el poder de la bendición de Dios le dio todo lo que Dios le había prometido, y aun más allá.

La bendición de Dios asegura nuestra vida en la Eternidad

Abraham pasó a la historia como el padre de la fe, y eso fue producto de la bendición de Dios; y le dio a su descendencia el privilegio de ser salvos de la condenación perpetua. Es decir, los creyentes que seguimos el ejemplo de Abraham somos salvos para siempre; no iremos al infierno. Ésto lo logró Abraham como producto de la bendición de Dios.

La Bendición de Dios trae Salud

Abraham era de casi cien años de edad, y en su vejez Dios le dio fuerzas para engendrar a su hijo Isaac. La bendición de Dios sanó la matriz de Sara a los noventa años, y no solamente eso, ambos no murieron de ninguna enfermedad, sino que partieron de esta tierra en buena vejez.

La Bendición de Dios le hizo el más rico del Planeta

Dios le dio a Abraham la unción de los millones. Él era el señor de la tierra de Canaán, como resultado de la obediencia; pero no solamente a él, sino que todos sus descendientes disfrutaron la bendición de la prosperidad. Tanto el pueblo de Israel, como la iglesia de Cristo que cree en su Palabra, en todas partes del mundo, loa alcanza con su bendición.

La bendición de Dios es como tener un seguro ilimitado. Para todo el que tiene la bendición de Dios, nada le falta.

Dios Lo hizo Famoso

Nuestra mente es muy pequeña para entender la plenitud de lo que Dios hará con nuestras vidas. Ser elegido de Dios es algo demasiado grande. Dios le dijo a Abraham, *"tu nombre será bendición,"* y en verdad hay personas que están tan agraciadas por Dios, que su nombre es una bendición, donde se paren y donde estén.

Hasta hoy, en toda la tierra, pocas personas son tan grandemente bendecidas como Abraham lo fue. Dios le dio fama, y todas las generaciones que llevan su genética, tanto la del pueblo de Israel, como la de la Iglesia de Jesucristo, son una bendición. Cuando alguien le cree a Dios y obedece su Palabra, Dios le da un nombre, y es bendición.

ORACIÓN PROFÉTICA

Dios Todopoderoso, te doy gracias, porque en tu llamado, tu bendición me ha alcanzado, de la misma forma que alcanzó a Abraham. Sé que el mejor regalo que puedo tener, gracias a tu llamado, es estar protegido por tu bendición.

Dame la fuerza, la disciplina y la firmeza de confiar solamente en ti y en tu Palabra. En tu llamado seré bendito, desde ahora y para siempre. En tu llamado, hay visión, sueños, palabras de fe, fuerza, y esperanza. Gracias a tu llamado, tu buena mano bendice mi vida, desde ahora y para siempre. Gracias Dios Todopoderoso, por Jesucristo... Amén.

La recompensa por obedecer al Llamado

"Después hubo hambre en la tierra, además de la primera hambre que hubo en los días de Abraham; y se fue Isaac a Abimelec rey de los filisteos, en Gerar.

Y se le apareció Jehová, y le dijo: - No desciendas a Egipto; habita en la tierra que yo te diré. Habita como forastero en esta tierra, y estaré contigo, y te bendeciré; porque a ti y a tu descendencia daré todas estas tierras, y confirmaré el juramento que hice a Abraham tu padre. Multiplicaré tu descendencia como las estrellas del cielo, y daré a tu descendencia todas estas tierras; y todas las naciones de la tierra serán benditas en tu simiente, por cuanto oyó Abraham mi voz, y guardó mi precepto, mis mandamientos, mis estatutos y mis leyes.-

Habitó, pues, Isaac en Gerar. Y los hombres de aquel lugar le preguntaron acerca de su mujer; y él respondió: - Es mi hermana-; porque tuvo miedo de decir: - Es mi mujer-; pensando que tal vez los hombres del lugar lo matarían por causa de Rebeca, pues ella era de hermoso aspecto.

Sucedió que después que él estuvo allí muchos días, Abimelec, rey de los filisteos, mirando por una ventana, vio a Isaac que acariciaba a Rebeca su mujer. Y llamó Abimelec a Isaac, y dijo: - He aquí ella es de cierto tu mujer. ¿Cómo, pues, dijiste: Es mi hermana?- E Isaac le respondió: - Porque dije: Quizá moriré por causa de ella.-

Y Abimelec dijo: - ¿Por qué nos has hecho esto? Por poco hubiera dormido alguno del pueblo con tu mujer, y hubieras traído sobre nosotros el pecado.-

Entonces Abimelec mandó a todo el pueblo, diciendo: - El que tocare a este hombre o a su mujer, de cierto morirá.- Y sembró Isaac en aquella tierra, y cosechó aquel año ciento por uno; y le bendijo Jehová. El varón se enriqueció, y fue prosperado, y se engrandeció hasta hacerse muy poderoso." Gen 26:1-13

Introducción

Hay algo que es sumamente incomparable que ocurre cuando nosotros determinamos obedecer al llamado de Dios; esto es, la protección de su descendencia para siempre. Obedecer a Dios no sólo le ayuda y le recompensa a usted y a su descendencia, sino que el Todopoderoso le da prosperidad, cuando para otros hay desastre.

Verdad profunda

Responder el llamado de Dios le asegura el futuro a sus hijos para siempre.

ISAAC: El Primer Testimonio de Recompensa Generacional

Si usted llega a entender que responder al llamado de Dios le abrirá un nuevo camino a sus hijos, y todos sus descendientes, se entregaría con toda fuerza, sacrificio, y fe a servir a Dios. Después de muerto Abraham y que Isaac ya estaba casado, hubo hambre en la tierra, y la crisis era para destrucción y muerte. Isaac, de inmediato, quiso descender a Egipto, como su padre lo había hecho años atrás, cuando también hubo hambre. Pero Dios le dijo que no. *"No desciendas a Egipto."* Las palabras fueron las siguientes:

"Y se le apareció Jehová, y le dijo: - No desciendas a Egipto; habita en la tierra que yo te diré. Habita como forastero en esta tierra, y estaré contigo, y te bendeciré; porque a ti y a tu descendencia daré todas estas tierras, y confirmaré el juramento que hice a Abraham tu padre. Multiplicaré tu descendencia como las estrellas del cielo, y daré a tu descendencia todas estas tierras; y todas las naciones de la tierra serán benditas en tu simiente, por cuanto oyó Abraham mi voz, y guardó mi precepto, mis mandamientos, mis estatutos y mis leyes. - " Gen 26:2-5

La obediencia de Abraham le trajo recompensa a su hijo, y no fue necesario que descendiera a Egipto; sembró en aquella tierra, cuando había hambre por todas partes, y fue prosperado en todo. Su hijo, su esposa, y su descendencia fue protegida económicamente, y de muerte, todo porque Isaac tuvo un padre y una madre obedientes al llamado divino.

Recompensado con Un Nieto: El Padre de la Nación de Israel

"Y soñó: y he aquí una escalera que estaba apoyada en tierra, y su extremo tocaba en el cielo; y he aquí ángeles de Dios que subían y descendían por ella. Y he aquí, Jehová estaba en lo alto de ella, el cual dijo: -Yo soy Jehová, el Dios de Abraham tu padre, y el Dios de Isaac; la tierra en que estás acostado te la daré a ti y a tu descendencia. Será tu descendencia como el polvo de la tierra, y te extenderás al occidente, al oriente, al norte y al sur; y todas las familias de la tierra serán benditas en ti y en tu simiente. He aquí, yo estoy contigo, y te guardaré por dondequiera que fueres, y volveré a traerte a esta tierra; porque no te dejaré hasta que haya hecho lo que te he dicho.-" Gen 28:12-15

Dios le dio un nieto a Abraham, a pesar de las luchas y pruebas, que vivió en esta tierra. Fue el padre de la nación de Israel, y lo levantó Dios por causa del pacto que hizo con Abraham.

A Isaac Dios le dio un Nieto: El Gobernador de Egipto

"Entonces dijo José a sus hermanos: Acercaos ahora a mí. Y ellos se acercaron. Y él dijo: Yo soy José vuestro hermano, el que vendisteis para Egipto. Ahora, pues, no os entristezcáis, ni os pese de haberme vendido acá; porque para preservación de vida me envió Dios delante de vosotros. Pues ya ha habido dos años de hambre en medio de la tierra, y aún quedan cinco años en los cuales ni habrá arada ni siega. Y Dios me envió delante de vosotros, para preservaros posteridad sobre la tierra, y para daros vida por medio de gran liberación. Así, pues, no me enviasteis acá vosotros, sino Dios, que me ha puesto por padre de Faraón y por señor de toda su casa, y por gobernador en toda la tierra de Egipto. Daos prisa, id a mi padre y decidle: Así dice tu hijo José: Dios me ha puesto por señor de todo Egipto; ven a mí, no te detengas." Gen 45:4-9

José fue enviado a Egipto en medio de gran tribulación, pero por causa del pacto abrahámico, Dios le dio sabiduría, gerencia administrativa, y capacidad de alto nivel para estar por encima de Faraón; para que su descendencia fuese protegida, por causa de la visión de Dios, con el pacto abrahámico.

Dios Levantó a Moisés Como Recompensa a la Obediencia de Abraham

"Apacentando Moisés las ovejas de Jetro su suegro, sacerdote de Madián, llevó las ovejas a través del desierto, y llegó hasta Horeb, monte de Dios. Y se le apareció el Ángel de Jehová en una llama de fuego en medio de una zarza; y él miró, y vio que la zarza ardía en fuego, y la zarza no se consumía. Entonces Moisés dijo: - Iré yo ahora y veré esta grande visión, por qué causa la zarza no se quema.-

Viendo Jehová que él iba a ver, lo llamó Dios de en medio de la zarza, y dijo: - ¡Moisés, Moisés!- Y él respondió: - Heme aquí.- Y dijo: - No te acerques; quita tu calzado de tus pies, porque el lugar en que tú estás, tierra santa es. - Y dijo: - Yo soy el Dios de tu padre, Dios de Abraham, Dios de Isaac, y Dios de Jacob.-

Entonces Moisés cubrió su rostro, porque tuvo miedo de mirar a Dios. Dijo luego Jehová: - Bien he visto la aflicción de mi pueblo que está en Egipto, y he oído su clamor a causa de sus exactores; pues he conocido sus angustias, y he descendido para librarlos de mano de los egipcios, y sacarlos de aquella tierra a una tierra buena y ancha, a tierra que fluye leche y miel, a los lugares del cananeo, del heteo, del amorreo, del ferezeo, del heveo y del jebuseo.

- El clamor, pues, de los hijos de Israel ha venido delante de mí, y también he visto la opresión con que los egipcios los oprimen. Ven, por tanto, ahora, y te enviaré a Faraón, para que saques de Egipto a mi pueblo, los hijos de Israel. -" Éxodo 3:1-10

"Y respondió Dios a Moisés: - YO SOY EL QUE SOY.- Y dijo: - Así dirás a los hijos de Israel: YO SOY me envió a vosotros.- Además dijo Dios a Moisés: - Así dirás a los hijos de Israel: Jehová, el Dios de vuestros padres, el Dios de Abraham, Dios de Isaac y Dios de Jacob, me ha enviado a vosotros.-" Éxodo 3:14-15

Dios levantó a Moisés, no por causa de sus habilidades, sino por causa de una deuda pendiente; un juramento que le había hecho a un hombre y una mujer, que se habían casado con él. Cada vez que Dios le iba a decir algo grande, le recordaba que él era el Dios de Abraham; el hombre que respondió al llamado. Ya habían pasado cuatrocientos de años, los cuerpos de Abraham y Sara habían sido enterrados en las cuevas de Macpela, pero Dios recompensó la fe de Abraham.

Profunda Reflexión

Si nosotros entendiéramos lo que significa responder el llamado de Dios, nunca pondríamos ninguna excusa para servirle; sino que nos entregaríamos a servirle, con toda nuestra la mente, voluntad, y corazón.

El Llamado tiene trascendencia Eterna

La bendición no solamente fue para ellos. Hasta hoy, la obediencia y fe de Abraham tiene trascendencia sobre su vida. Dios le ha visitado con la salvación en Cristo, sólo porque le dijo a Abraham que en su simiente, es decir en Cristo, serian benditas todas las naciones y pueblos del mundo. Usted está siendo recompensado milagrosamente, y es todo por la fe de Abraham.

Recomendación Profética

Entréguese al llamado divino, y cúmplale a Dios. Es imposible que usted no vea la recompensa divina, y el cumplimiento de todo lo que Dios le ha dicho.

PROFECÍA

Por cuanto usted ha determinado obedecer de todo corazón al Dios eterno, con toda sus fuerzas, voluntad, y corazón, yo, como apóstol de Dios, profetizo sobre su vida que será recompensado en forma poderosa y especial por la buena mano de Dios. Todas sus generaciones serán defendidas, fortalecidas, y bendecidas sobrenaturalmente, por la bendita y buena mano de Dios, desde ahora y para siempre. En el nombre de Jesucristo, Amén..

VERDADES ELEMENTALES DE TU LLAMADO

- Mi llamado es Profético
- Mi llamado es a Transformar
- Mi llamado es a Reinar
- Mi llamado es a Pescar Almas
- Mi llamado es el de Isaías 61
- Mi llamado es a Servir

La meta es cruzar y poseer

"Entonces Josué dio esta orden a los oficiales del pueblo: -Id por el campamento y dad esta orden al pueblo: - Preparaos comida, porque dentro de tres días pasaréis el Jordán para entrar a poseer la tierra que Jehová, vuestro Dios, os da en posesión.-" Jos. 1:10-11

Introducción
Cruzar y poseer es la misión que el Todopoderoso te ha dado con el llamado sobrenatural. Esto implica que lo que nadie ha hecho, usted lo debe hacer; esto es: Cruzar y poseer.
En la medida que le creas a Dios y a su Palabra fielmente, cruzará y poseerá.

Verdad Profunda
El Todopoderoso no lo llamó para que se quede estancado; la meta de Dios en usted es que siempre pueda cruzar y poseer.

Cruzar
Cuando Dios lo llama, nunca será para que esté estancado, ni pensando en que algún día lo podrá lograr. No. Dios le ha dado una visión, un poderoso llamado, y usted verá la gloria de Dios en su vida, y la de su familia. El reto o el siguiente paso es cruzar. Es ser hebreo de la generación de los Josué de Israel; la gente que no se queda con lo que Dios le habló en la mente, sino que actúa. La visión es que avances y cruces.

Tomar por Posesión
Una cosa es posición, y otra es posesión. Esto de posesión es un gran llamado de Dios, a tomar dominio y autoridad en todo lo que

pisares con la planta de sus pies. Dios le dijo a Moisés que todo lo que pisare con la planta de sus pies sería su territorio. La verdadera meta es establecer el gobierno eterno de Dios, en donde estaba el pecado y la maldad.

La Visión es Establecer el Reino de Dios

Jesucristo vino a establecer el Evangelio del Reino; es decir, el establecimiento del gobierno de Dios sobre la tierra. Usted es llamado, por el Todopoderoso, para que entre, tome y posea todo lo que Dios dijo que es para usted. La visión es establecer el gobierno de Dios, sobre las naciones de la tierra.

La tierra y el mundo entero están llenos de conflictos, problemas y dolor. Es necesario que se mueva en el poder de la Palabra, y crea que Dios le utilizará como su instrumento, para establecer las ideas de Dios sobre todas las naciones; llevando paz, amor, compresión, y salud divina a los corazones abatidos, a las personas frustradas y a cada alma triste de este mundo.

Conclusión

Entrar, tomar y poseer es la única forma para establecer el Reino de Dios en la tierra. Lo que más tiene el mundo es personas afligidas; pero nunca se olvide que realmente el problema principal es la crisis espiritual que tiene el ser humano, por la falta de paz, de Cristo, y del amor de Dios es sus corazones.

Nunca olvides que por medio de cada acto de obediencia que haces estás entrando, tomando y poseyendo. De tal manera que en autoridad espiritual establece el Reino de Dios, cumpliendo así con su llamado.

DECLARACIÓN PROFÉTICA

Dios Todopoderoso, en el nombre de nuestro Señor Jesucristo, me levanto en poder y autoridad, de tal manera que seré obediente al santo llamado que tú has puesto en mi vida; de modo que podamos transformar a millones de vidas en este mundo, y que sea establecida tu esperanza en cada corazón. En el nombre de Jesús, Amén.

Semana

4

Prefacio

Por tanto, es por fe, para que sea por gracia, a fin de que la promesa sea firme para toda su descendencia; no solamente para la que es de la ley, sino también para la que es de la fe de Abraham, el cual es padre de todos nosotros. (como está escrito: Te he puesto por padre de muchas gentes) delante de Dios, a quien creyó, el cual da vida a los muertos, y llama las cosas que no son, como si fuesen.." (Rom. 4)

Desde el vientre, Dios le llamó

"Porque tú formaste mis entrañas; tú me hiciste en el vientre de mi madre. Te alabaré; porque formidables, maravillosas son tus obras; estoy maravillado, y mi alma lo sabe muy bien. No fue encubierto de ti mi cuerpo; bien que en oculto fui formado, y entretejido en lo más profundo de la tierra. Mi embrión vieron tus ojos, y en tu libro estaban escritas todas aquellas cosas que fueron luego formadas, sin faltar una de ellas." Salmo 139:13-16

Verdad Profunda

Lo más importante del destino de su vida es que no fue una decisión humana que lo escogió para un propósito, sino que fue la buena mano de Dios que siempre ha estado sobre usted; porque el Eterno tiene un plan con usted. Repita estas palabras: Desde el vientre de mi madre sé que Dios puso sus ojos en mí.

Introducción

La visión de Dios con usted está desde antes de la fundación del mundo. Es decir, Dios le hizo a usted en la eternidad, y en su tiempo fue formado en el vientre de su madre. Aunque, como persona humana, vive en un cuerpo físico, comenzó la profunda relación con Dios, desde que usted estaba en el vientre de su madre. Por eso, el rey David dijo: *"Mi embrión vieron tus ojos."* Quiero que tenga bien en cuenta estas palabras: Usted es de Dios desde antes de la fundación del mundo. Repítelo: *"Soy de Dios desde antes de la fundación del mundo."*

Desde el vientre de su madre es Ganador(a)

Fueron millones de semillas de vida, es decir espermatozoides, que salieron de su padre. Y todos comenzaron la carrera por ganar; todos los que no entraron en la matriz de su madre, y se fecundaron un óvulo murieron.

El instante en que hubo la conexión entre el espermatozoide (semilla) de su padre, y el óvulo (receptor de vida) de su mamá, le hizo un ser humano viviente. Ganar aquella carrera donde millones más quedaron en el camino, dice que su vida está escrita por la mano de Dios. Usted es ganador(a). Si venció en la carrera de la vida, y si su principio fue ganar, su final está predestinado para ganar, sea lo que sea.

Lo importante de su Llamado

Hay algo que necesita tener en cuenta: Usted no está en este mundo por disposición de ninguna fuerza humana, por cuanto fue Dios quien le llamó, y usted lo sabe muy bien.

Han pasado tantas cosas duras y difíciles en su vida, que fue la mano de Dios que le escogió y cubrió en forma sobrenatural su vida. Y a pesar de todas las luchas, y los ataques, Dios fijó sus ojos en usted, y venció.

Si usted llegara a comprender que no es una elección humana, sino que Dios, desde el vientre de su madre, comenzó a protegerle, para que fueses su instrumento. Si entiende esto, su forma de ver la vida será diferente.

ORACIÓN PROFÉTICA

Padre nuestro que estás en los cielos, sé que tú me escogiste con un gran propósito en esta tierra. Hay algo grande y glorioso para mi vida; un plan de gloria y poder. Te pido perdón, porque muchas veces renegué de mi condición, y dudé de que era importante; que estuviera en esta tierra por algún propósito epecial. Hoy creo, de todo corazón, tu Palabra. Sé que mi vida está escrita por tu amor. Te doy gracias por haber puesto tus ojos en mí.

Han pasado muchas cosas en mi vida; en muchos casos me sentí decepcionado(a). Pero lo grande, lindo, y glorioso de esto es que no fue por mi fuerza. Ha sido tu gracia, tu amor, y diligente mano, que hasta hoy me ha sostenido; porque tienes un llamado glorioso para mí, y se cumplirá. En el nombre de Jesús, Amén...

Dios le dio el don de Soñar

"Mi embrión vieron tus ojos, y en tu libro estaban escritas todas aquellas cosas que fueron luego formadas, sin faltar una de ellas."
Salmo 139:16

Introducción

El único que sabe la verdad de su vida es el eterno Creador. Dios conoce lo que a usted, como su hijo(a), le conviene. Esto fue lo que quiso decir David, cuando dijo, *"mi embrión vieron tus ojos."* Cuando Dios pone su mirada sobre el ser humano, su vida tiene que cambiar. Es por eso que el rey David era diferente a sus otros siete hermanos; porque en su espíritu, al igual que usted, sabía que su vida estaba predestinada por el sueño de Dios.

Verdad profunda

El plan de Dios está en todo ser humano, aun desde el vientre de su madre. Por eso es que David dice que Dios puso sus ojos en él; porque desde su concepción había un plan glorioso de Dios para él.

El Secreto de los Ojos de Dios

Es necesario que comience a verse, no como los demás le ven, sino como Dios le ve. En entender el poder de la visión de Dios para su vida, está el éxito; porque definitivamente, la visión de Dios para su vida es lo que realmente cuenta.

Cuando consideres lo que Dios piensa de usted, sueñes lo que Dios sueña de usted, y se vea como Dios le ve, su forma de avanzar es esta vida, le llevará a los mejores niveles; prosperará todos los días de su vida. El secreto de la verdadera grandeza, que rompe con cualquier lucha de la vida, está en ver su vida como Dios la ve.

Aférrace a la Visión que Dios diseñó para Usted.
Lo más importante es lo que Dios piensa de usted y cómo el Eterno y Todopoderoso le ve. Por eso es que las Sagradas Escrituras dicen, *"puesto los ojos en Jesús el autor y consumador de la fe."*

El mundo lleno de negativismo y frustración trata de sacarte de la visión de Dios. Desde temprana edad usted ha escuchado muchas cosas negativas acerca de todo; pero cuando escudriña la Palabra, encontrará que existe un manantial de vida que el Eterno predestinó para usted. Su vida está escrita por la mano de Dios, y existe un plan para su vida. Entonces, es necesario que se aferre a ese plan.

Dios le escogió, Dios le predestinó, Dios le apoya y lo ha sostenido hasta hoy; y le sostendrá para siempre. Declare estas palabras: *Me aferro a la visión de Dios para mi vida. Renuncio a todo lo que sea mentira y negativismo. Sé que todo lo que Dios ha dicho de mí se cumplirá. Mi vida nunca más será la misma, porque yo....fijo mis ojos en Dios.*

El Secreto de los Ojos de Dios
El secreto es que se enfoque en la visión de Dios para usted; allí está todo el secreto de su vida. No hay nadie más que sepa la verdad de usted, a menos que Dios se lo revele a su autoridad y cobertura espiritual. No haga nada en esta vida, lejos de la visión de Dios; allí está su todo. ¿Qué hay en los ojos de Dios para usted?
- Hay verdad y verdadero amor
- Hay vida eterna
- Siempre hay esperanza
- Fluye para usted la vida de Dios
- Hay un buen consejo y compasión
- Está la perfecta guianza de sus pasos

Cuando caminamos con los ojos puestos en el autor y consumador de nuestra vida, todo cambia. El asunto del ser humano, es que necesita caminar con los ojos fijos, y radicalmente puestos en Dios. Todas las decepciones que usted ha vivido, es porque no ha puesto sus ojos en Dios. Si hoy pone sus ojos en Dios, descansará. Dios nunca lo engañará. Dios lo mira siempre con ojos de amor, y siembra en su vida su verdad y su esperanza. En los ojos de Dios está su esperanza, y la guianza de su camino. En los ojos de Dios está el libro de su vida.

Dios Está Soñando Contigo

Usted podría tener oportunidades de hacer muchas cosas, pero lo más importante que debe hacer, es lo que el sueño de Dios determinó. Usted existe, porque Dios soñó y puso sus ojos en usted. Lo más importante de su vida es lo que el sueño de Dios escribió para usted.

Proyectando una Visión Firme en los Ojos de Dios

Los mejores tiempos de mi vida no comenzarán mañana, sino hoy; es un día de firmeza. Declararé con todo el corazón y con toda mis fuerzas que nada me distraerá:

Los ojos de Dios están sobre mi. Renuncio a la distracción. Sé que todo lo que tú, Padre bueno, has dicho de mí, se cumplirá. Nunca me desenfocaré, porque tú, oh Dios, estás conmigo. Permaneceré creyendo la vedad de tu Palabra, firme en las Escrituras, confesando vida. Nunca me saldré del plan del Padre, porque mis ojos están puestos en él. En el nombre de Jesús, amén...

Semana CUATRO
Día 3

Su vida está escrita por la mano de Dios

"Mi embrión vieron tus ojos, y en tu libro estaban escritas todas aquellas cosas que fueron luego formadas, sin faltar una de ellas."
Salmo 139:16

Introducción

Su vida no es una casualidad ni un accidente; ni fue formado por una noche de placer, o una mala decisión de sus padres. Ni siquiera es un error del destino; eso no es verdad. Su vida está escrita por la mano de Dios.

El Eterno y Todopoderoso, el gran rey del universo, escribió su vida desde la eternidad, y antes de la fundación del mundo. Por lo tanto, no es importante lo que la dureza del egoísmo humano le haya hecho. Porque lo más importante, es lo que el Padre creador predestinó para usted en su Libro Eterno. Debe enfocarse en cada detalle de ese documento, creerlo, confesarlo y vivirlo.

La Mano de Dios escribió el Plan para su Vida

Millones de personas piensan que son una improvisación en la vida; y eso es un grave error. Usted no es el simple producto de una noche de placer; no es el resultado de un descuido de su madre. Su vida está escrita por la mano de Dios; eso fue lo que David vio.

David dijo: *"Vi que en tu libro estaba escrito tu plan para mi vida."* Conocer una verdad tan extraordinariamente gloriosa como esta, es una de las maravillas más gloriosas del mundo; porque cuando usted conoce que su vida tiene un plan, y es perfecto, en cada paso que debe dar, vive y camina con plenitud de seguridad, y sin temor a lo que le pueda pasar.

El ejemplo de vida segura del perfecto plan de Dios, está en Jesús. Nuestro Señor expresaba continuamente las palabras, "es necesario que esto acontezca." La seguridad que Jesús tenia del plan divino para su vida, era lo que le hacía ver que aun las cosas más duras que le ocurrían eran necesarias, para que viniera la gran gloria de su plan. Jesús nunca desarrolló su vida en base a la opinión huma. San Pablo dijo: *"A los que aman el plan de Dios, todas las cosas le ayudan para bien."* Amigo, ¿comprende que Dios escribió su vida, y aún las cosas más duras que parecen desastrosas, se revertirán para el bien del propósito de su llamado?

¿Por qué David dijo esto?
"He aquí, en maldad he sido formado; y en pecado me concibió mi madre. He aquí, tú amas la verdad en lo íntimo; y en lo secreto me has hecho comprender sabiduría." Salmo 51:5-6
David tenia temores, resentimientos, y complejos por ser un hijo rechazado, porque no era hijo de la esposa de Isaí; era hijo de una de sus concubinas. Por eso el decía que en maldad él había sido formado, y en pecado lo había concebido su madre; pero Dios, en lo íntimo, le hizo comprender que no era un accidente de una noche de placer de Isaí. Él entendió sabiduría; David comprendió que su vida estaba escrita por la mano de Dios. Por eso David decía:
"Mi embrión vieron tus ojos, y en tu libro estaban escritas todas aquellas cosas que fueron luego formadas, sin faltar una de ellas." Salmo 139:16

Verdad profunda
Usted es escogido por Dios desde antes de la fundación del mundo

Usted necesita derrotar todo Complejo
Independientemente de lo extraordinario de su llamado, necesita derrotar todo complejo de rechazo dentro de usted. El salmo 139 lo escribe una persona que se dio cuenta, ya en su vida madura, que Dios no falla y que no vale la pena invertir fuerzas y pensamientos en amargarse la vida, por los rechazos, desprecios o temores. En la medida que nosotros vencemos los complejos internos, evitaremos caer en rebeldía, y viviremos en paz, soñando el sueño de Dios.

Desconocer el Plan de Dios
Hace que las Personas Caigan en Rebeldía y Pecado

"Tú amas la verdad en lo íntimo, y en lo secreto me has hecho comprender sabiduría."
Esta expresión la dijo David, después de haber dicho que lo que había en su mente era una crisis de identidad. Esto se reveló, cuando dijo, *"en maldad he sido formado, y en pecado me concibió mi madre."* Por eso David pecó por crisis de identidad.

La maldición del rechazo, lo persiguió hasta que le hizo pecar con Betzabé. Por eso, David reflexiona, y dice: *"Pero Tú me has revelado tu plan; me has hecho comprender sabiduría."* Es decir, mi vida no es una casualidad; ya todo estaba escrito por la mano de Dios.

La única manera que usted no se vuelva rebelde, ante las cosas que parecen una injusticia, es decir, *"es necesario que esto acontezca, porque todo se revertirá para bien."*

Cuando usted entienda que su vida está escrita por la mano de Dios, mantendrá su corazón libre de rebeldía, ante lo que parece injusto. Comprender sabiduría, es entender que Dios escribió su vida, y todo lo que le ocurra obrará para bien.

Entender el Plan de Dios te hace descansar en su Palabra
Definitivamente, la única manera que crezcas en esta vida, seguro y sin complejos, sin dudas ni temores, es pensando en el Dios que le llamó, el cual escribió su vida desde antes de la fundación del mundo. Entender esto le hace no depender ni de la autoestima que viene del ingenio humano, ni de las contrariedades que se le presenten. Entender que su vida esta escrita por la mano de Dios, le hace descansar en la verdad de su Palabra.

Hoy día, se habla mucho de la autoestima, y de la necesidad de vivir motivando a las personas para que hagan algo. Le diré que todo cambia cuando entiende que Dios le llamó, y lo escogió.

Vive en paz y descansa en la verdad de su Palabra. No necesita sólo pensar en lo glorioso que Dios tiene para usted, para sentirse seguro y motivado; el problema es que si no consigue esta seguridad en Dios, el día que la gente no le diga algo bonito, decaerá. Por lo tanto, es mejor descansar en la Palabra, y confiar en Dios y su llamado para usted. Nunca olvide que no fue ningún ser humano que le escogió, fue la gracia de Dios que ha estado sobre usted.

"Vete Satanás, Porque Escrito Está..."

"Otra vez le llevó el diablo a un monte muy alto, y le mostró todos los reinos del mundo y la gloria de ellos, y le dijo: - Todo esto te daré, si postrado me adorares.- Entonces Jesús le dijo: Vete, Satanás, porque escrito está: 'Al Señor tu Dios adorarás, y a él sólo servirás.'" Mat 4: 8-10

Ante las tentaciones y presiones diabólicas que a usted se le presentan todos los días, para desviarlo del plan divino, allí está el tentador; porque al demonio no le importa que usted sea cristiano; quiere verlo descuidado, y fuera del plan de Dios.

Le recomiendo que se aprenda la expresión *"escrito está,"* y aprenda textos del propósito de Dios para su vida. Ante las presiones que se le presenten en esta vida, nunca se queje; sólo diga, *"escrito está."*

Su Llamado es Una Guerra de Adoración

Hay cosas que debe entender: Satanás, para tratar de sacar a Cristo del llamado e impresionarlo, le ofreció todos los reinos de este mundo. Satanás está desesperado, tratando que usted se distraiga. Solamente declárelo: *"Escrito en mi vida está,"* y adore a Dios, porque el plan de su llamado está por encima de los planes del diablo.

Jesús Le Dijo a Satanás: "A Dios Sólo Servirás..."

Las cosas más duras que le puedan ocurrir, siempre tendrán la semilla de la victoria, porque su vida está escrita por la mano de Dios. Hay algo que usted debe entender: Satanás no tiene ningún derecho sobre su vida; él no puede hacerle nada. Y si algo permitiera Dios, aunque parezca difícil, no se olvide que el diablo le está sirviendo a Dios, y todo obrará para bien.

Por esta razon, Jesús le dijo a Satanás: *Tú eres mi sirviente*; su plan siempre se revertirá a mi favor. Quiero que comience a ver al diablo como el bruto sirviente de Dios; porque todo lo que trate de hacerte para perjudicarte, siempre se tornará para bien.

El plan de tentaciones y de ataques, nunca prevalecerá por encima de todo lo que Dios escribió para usted. Es necesario que se mantenga firme en la Palabra y en fe, pues será grande la vergüenza que sufrirá el enemigo, ante las presiones de la vida, las tentaciones o las batallas que se le presenten. El destino del diablo es obrar siempre de tal manera que crezca la bendición de Dios en usted. Digale al maligno que no tiene potestad sobre su vida, porque es el propósito de Dios en esta tierra.

DECLARACIÓN PROFÉTICA

Dios Todopoderoso, te agradezco profundamente por tu amor y tu misericordia. Sé que mi vida está escrita por tu mano de amor. Hoy declaro que me mantendré adorándote, sirviéndote, y honrando tu nombre. Sé que mi vida está conforme a tu plan, y todo lo que me pase siempre se tornará para bien. Te doy toda la alabanza, gloria, y adoración, por tus grandes planes, y todo lo bueno de tu gracia con mi vida. Declaro que el enemigo no me moverá de sólo adorarte, y pensar siempre en tu plan eterno. En el nombre de Jesús, amén.

No puede partir de esta vida sin haber cumplido con su Llamado

Introducción
Millones de personas se han ido de este mundo sin cumplir el llamado divino, y se han llevado a la tumba visiones, sueños, libros, películas, grandes proyectos financieros, empresas, escuelas y universidades. Todo porque nunca se enfocaron en el propósito de su llamado.

Verdad Profunda
Lo más importante entre el cielo y la tierra es su llamado.

No Pierda su Tiempo
Millones de personas pierden tiempo, le fallan a Dios, y en lo que menos invierten sus esfuerzos, es en lo que lo que les conviene, que es su llamado. Si entiende su llamado, debe saber que su tiempo es un recurso extremadamente importante, y por lo tanto debe enfocarse en Él, y crecer.

Cada minuto de su vida cuenta. Usted tiene un llamado eterno, grande, y glorioso. Ordene día a día sus pasos; su vida está escrita por la mano de Dios. No pierda su tiempo en lo que no le ayuda a crecer en su llamado.

Al Entender el Propósito
Es necesario establecer una re-educación de su forma de pensar, y todo lo debe hacer en función del propósito de Dios. Por lo tanto, todo lo que saque lo bueno de Dios en usted, eso lo debe buscar.

Entender el propósito de Dios para usted, es saber que cada paso que dé se desarrollará en función de lo que a usted le conviene; y esto es su llamado divino. En la medida que se esfuerce, verá la recompensa de Dios.

Aprende a Decir Sí

Debe volverse experto(a) en evaluar cada cosa que viene a usted, y decirle sí a lo que sabe que le conviene, aunque no lo entienda mucho; o decirle no a lo que no le conviene.

Por ejemplo, María le dijo sí a Dios, cuando ella, siendo virgen, aceptó la visita del ángel Gabriel. Al haber dicho sí, se constituyó en una de las mujeres más famosas de la historia. Por su fe fue un ejemplo para el mundo.

José también dijo sí, cuando Dios le dijo que su novia estaba embarazada por obra y gracia de Dios, y no por él. Fue una decisión difícil, pero José se atrevió a decir sí.

David le dijo sí a Dios, cuando le llamó a eliminar a Goliat. Pedro le dijo sí a Dios, cuando obedeció las palabras del Aquel que le dijo, *"deja esa barca y haré pescador de hombres."* Las personas más poderosas en Dios que han existido a través de todos los tiempos, son los que se han atrevido a decirle sí a Dios, y a su propósito.

Aprende a Decir No

Por lo general, existen cosas que aunque a le gusten, debe rechazarlas. Aunque nadie le comprenda, a veces es necesario tomar autoridad, firmeza de carácter y decir que no.

Definitivamente usted debe decir que no a las tentaciones. Debe decir que no a las personas que no le ayudan, y le alejan de la visión de Dios. Debe decir no a vivir una vida desordenada y sin disciplina. Es necesario decir que no a los vicios, desórdenes sexuales, y todo tipo de maldad. Nunca se olvide que, por causa de su llamado, debe decir no a ciertas cosas, aunque su cuerpo las quiera.

Declaración Profética

Dios Todopoderoso, no puedo partir de esta tierra sin cumplir con el extraordinario llamado que en mi vida. Eterno Creador, dame la fortaleza de estar firme, sólo honrando tu nombre, porque tú eres Dios. Ayúdame a decir sí cuando nos convenga, y no, cuando no nos convenga. Dame la firmeza para creer que lo que tú has dicho de mí, se cumplirá. Hoy determino no fallarte. Creo en el plan que preparaste para mí, desde antes de la fundación del mundo. De todo corazón te serviré, desde ahora y para siempre...Amén.

El "YO" y su Llamado

"Si alguno quiere seguir en pos de mí, niéguese a sí mismo, tome su cruz, y sígame."

Introducción
Creo que uno de los grandes enemigos del ser humano es el yo, porque allí opera la voluntad de cada ser humano. Por falta de guianza y revelación divina, hacemos muchos planes, pero muchas de nuestras metas personales chocan con las metas de Dios. Es allí donde tenemos que aprender a morir.

Verdad Profunda
Nadie conocerá la plenitud del plan de Dios para su vida, a menos que entierre su yo todos los días.

"Si alguno quiere seguir en pos de mí, niéguese a sí mismo..."

Toda persona que el Todopoderoso llama, tiene que rendirle su propia voluntada él. El Señor Jesucristo lo dijo, cuando enseñaba la oración del Padre Nuestro, *"hágase tu voluntad en la tierra, como en el cielo."* Esto es sumamente fuerte: Cambiar nuestras metas y propios intereses, por las metas y el modelo de Dios.

Los Discípulos lo Entendieron
A todos, Jesucristo les decía, *"sígueme,"* y ellos obedecían. Hay algo maravilloso que Jesús dijo: *Todo aquel que se esforzara por seguirle, Dios le daría en esta tierra cien veces más de lo que tenía antes.*

No existe nadie que se entregue completamente a Dios, y decida seguir el llamado divino, que no vea la respuesta de Dios cumplida con recompensa.

Renunciando a la Antigua Manera de Vivir

Sin Cristo en el corazón, la vida de los seres humanos está cargada de engaño, maldad, y concupiscencia; pero cuando reconocemos el llamado de Dios, sabemos que el Todopoderoso quiere dar a nuestra vida éxito y prosperidad. Definitivamente, Dios quiere que renunciemos a nuestra antigua manera de vivir, a malas costumbres, vicios, y malos deseos. Esto significa tomar la cruz: Donde usted no vive para hacer su voluntad, sino para agradar al Dios que lo llamó.

Ahora, no es a su manera, sino como Dios quiera; no es su sueño, sino el sueño de Dios; no son sus metas, sino las metas de Dios; no son sus ideas, sino las ideas de Dios. Su vida está escrita por la mano de Dios y hay una manera disciplinada de vivir la vida, que Dios nos está desafiando a vivir.

Guerra contra nuestros apetitos carnales

Muchas veces, las cosas que nosotros queremos, no son lo que Dios quiere. Esto es de suma importancia, porque nosotros, en Cristo, no vivimos para satisfacer nuestra propia voluntad, sino para hacer la voluntad del Dios eterno el cual nos llamó.

Por lo tanto usted tiene que tener el carácter de decirle a Dios lo siguiente:

DECLARACIÓN PROFÉTICA

Dios Todopoderoso, en el nombre de Jesús, hoy tomo decido servirte sin excusas, ni algún tipo de argumento. Es necesario que tú, oh Dios, me dés la fuerza para no vivir dependiendo de las emociones, sino completamente de la verdad de tu Palabra; tomando mi cruz, muero día a día al yo.

Dios eterno, acepto tu paz, tu luz y tu verdad, sabiendo que lo único que me conviene, es obedecer tu voz, tu verdad y tu palabra.

Ayúdame; dame el carácter, de modo que nada en mi vida sea más importante que tu llamado; y aunque tenga que dejar algo que me guste, y renunciar a mis propios apetitos, así será. Hágase tu voluntad en mi vida, en el nombre de Jesús, amén...

El sacrificio del Llamado

"Así que, hermanos, os ruego por las misericordias de Dios, que presentéis vuestros cuerpos en sacrificio vivo, santo, agradable a Dios, que es vuestro culto racional. No os conforméis a este siglo, sino transformáos por medio de la renovación de vuestro entendimiento, para que comprobéis cuál sea la buena voluntad de Dios, agradable y perfecta." Romanos 12:1-2

Introducción
Cuando entendemos el llamado de Dios para nuestras vidas, y sabemos que es lo más importante que nos ha podido ocurrir, entonces aparece una palabra que se llama sacrificio.
No existe ninguna otra forma de comprobar la voluntad de Dios para nuestras vidas, a menos que se presente como una ofrenda viva de sacrificio ante Dios.

Verdad Profunda
Presentarse como sacrificio vivo delante de Dios, como ofrenda por obediencia a su llamado, y trabajar de todo corazón en su obra, es el verdadero camino al éxito. Porque no hay nadie que lo haya dado todo por la obra de Dios, que quede sin verdadera recompensa.

¿Qué es Presentar Nuestros Cuerpos en Sacrificio Vívo?
La ley del sacrificio vivo se refiere a las ofrendas del altar, cuando Dios pedía corderos, becerros, cabras etc.

Dios nunca los pidió muertos, siempre los pidió vivos, porque tenía que haber derramamiento de sangre en el altar. Esto representaba la entrega total de una vida.

Si en el llamado que Dios, no existe un compromiso total, usted no se ha entregado por completo a la visión de Dios; por lo tanto, no se puede activar la ley de la resurrección, si no hay una ofrenda con sangre viva (esfuerzo y sacrificio).

Lo que Dios quiere asegurarse es que en su entrega sea total, sin cuestionar la visión de Dios. Usted puede garantizar que realmente va a resucitar, porque todo sacrificio vivo garantiza que habrá poderosa resurrección. Es decir, toda persona que se presenta para servir a Dios con esfuerzo, fe y mucho sacrificio, se torna en derramamiento de sangre.

Lo hermoso de esto, es lo que viene después de su obediencia: Su Resurrección. Vienen los más porderosos milagros que puedan existir.

No hay nadie que se sacrifique por la obra, y no sea recompensado.

¿Por qué quiere Dios que seamos como una Ofrenda?
El propósito de toda ofrenda es activar la Ley de la Resurrección. Porque las ofrendas representan algo que muere y luego resucita; así como la semilla sembrada muere, y luego resucita.

La semilla resucita con la capacidad de multiplicación, y por eso Dios quiere el derramamiento de su vida como una ofrenda viva. Esto viene a ser el único modo en que el Eterno garantizará su resurrección, multiplicada en miles y hasta millones de vidas.

La cantidad de tu multiplicación será según la profundidad de tu sacrificio.

¿Cuál es la ventaja de arriesgarlo Todo?
Cuando le da todo por la obra de Dios, sin cuestionar nada, Dios mismo entrega también todo por usted.
Es imposible que el Eterno se entregue, y le muestre su poder y su gloria, a personas irresponsables que no entienden la seriedad del llamado de Dios; esto es un asunto extremadamente serio. Dios le quiere dar todo, pero Él pide primero de usted todo, en sacrificio

vivo.

¿Qué Significa Probar?

Hay dos veces que Dios usa esta misma expresión en la Biblia. Una ellas aparece en el Antiguo Testamento, cuando, a través de Malaquías el profeta, Dios le dice al pueblo así:

"Traed todos los diezmos al alfolí, y haya alimento en mi casa; y probadme ahora en esto, dice Jehová de los ejércitos, si no os abriré las ventanas de los cielos, y derramaré sobre vosotros bendición hasta que sobreabunde." Malaquías 3:10

Esta vez Dios le dice a Israel que lo prueben, trayendo diezmos y ofrendas, a ver si Dios no abrirá las ventanas de los cielos. Por su puesto, la bendición económica del pueblo judío, a través de todos los tiempos, es porque han vivido lo que significa diezmar y ofrendar. Ellos han probado a Dios, y Dios nunca les ha fallado dandoles victoria financiera.

La obediencia, cada vez que se trae ofrenda de animales o cualquier tipo de ofrenda viva, le comprueba a todo aquel que viene al altar lo que significa prosperidad sobrenatural. Por esto, en el libro de Romanos, San Pablo habla a creyentes llamados a servir a Dios, y les dice:

"Así que, hermanos, os ruego por las misericordias de Dios, que presentéis vuestros cuerpos en sacrificio vivo, santo, agradable a Dios, que es vuestro culto racional. No os conforméis a este siglo, sino transformáos por medio de la renovación de vuestro entendimiento, para que comprobéis cuál sea la buena voluntad de Dios, agradable y perfecta." Romanos 12:1-2

San Pablo, retándolos, les dijo a los creyentes en Roma: Si quieren probar lo que significa ser recompensados por Dios, es necesario entregarse en sacrificio vivo. Nadie podría comprobar cuál es la voluntad de Dios, si no se ofrenda por completo a servir a Dios.

¿Cuál es la Voluntad de Dios?

La voluntad de Dios es buena, agradable, y perfecta. Con Dios nunca se pierde; siempre se gana. Al arriesgar tu vida por la causa del llamado divino, siempre te anotas de vencedor.

"Y ellos le han vencido por medio de la sangre del Cordero y de la palabra del testimonio de ellos, y menospreciaron sus vidas hasta la muerte." Apoc. 12:11

DECLARACIÓN PROFÉTICA

Dios Todopoderoso, en el nombre de Jesucristo, recibe esta ofrenda de sacrificio. No presento un becerro, un cordero, ni una cabra; tampoco te presento una tórtola ni una paloma. Te presento mi vida; la rindo de todo corazón a ti, para servirte sin cuestionar nada. Te entrego mi vida como ofrenda en tu altar . Sé que veré tu gloria en mi vida, porque lo que tú tienes para mí es bueno agradable y perfecto. Gracias Dios eterno por tus infinitas bendiciones para mi vida. En el nombre de Jesús, amén.

Dios cumplirá su propósito en mí

"Jehová cumplirá su propósito en mí; tu misericordia, oh Jehová, es para siempre; no desampares la obra de tus manos." Salmo 138:8

Introducción
Lo importante, en esta vida, no es lo que alguien diga de usted, sino lo que Dios determinó hacer con su vida. Es necesario que se esfuerce en obedecer y seguir estrictamente todo lo que Dios hará con usted. Le quiero recomendar algunos consejos que le ayudarán.

Verdad Profunda
Lo que Dios ha dicho de usted se cumplirá, por encima de lo que sea. El Eterno y Todopoderoso ha puesto sus ojos en y usted verá su gloria; no partirá de este mundo, sin que Dios haga todo lo que ha dicho de usted.

- **Consejo 1**

Nunca piense que puede hacer con su vida lo que quiera. No puede entregarse en la vida a la indiferencia espiritual, ni a la frivolidad, ante el bendito futuro que Dios tiene con usted; el llamado de Dios es demasiado poderoso. Usted no eligió a Dios; Dios fue quien le eligió a usted, y Él cumplirá su plan en su vida. Todo lo que está escrito de usted se cumplirá.

- **Consejo 2**

Apéguese a sus mentores, y entienda que tiene que ser discipulado. La mejor manera de ser formado en su llamado, es que se deje ayudar, y acepte un hermano o hermana mayor que le ayude. Nunca tome la iglesia cristiana como un lugar de reuniones donde viene de vez en cuando; eso le haría un daño muy profundo. Déjese discipular; eso hará que alcance el sueño de Dios más rápido.

- **Consejo 3**

Sea responsable y obediente en todo lo que le digan sus mentores, porque eso le sacará adelante en todo. Usted verá la gloria de Dios en su vida, y tendrá éxito siempre.

- **Consejo 4**

Acepte corrección y disciplina, aunque no entienda todo. Vuélvese experto(a) en la obediencia; la obediencia a las autoridades le abrirá las ventanas de la bendición de Dios. Ante su llamado, no necesita entender todo, pero sí debe obedecer en todo.

- **Consejo 5**

Sea disciplinado en su tiempo devocional. Hay varias cosas que tiene que tomar en cuenta todos los días:
- Mantenga un buen tiempo de oración
- Mantenga un buen tiempo en la meditación de la Palabra
- Mantenga un buen tiempo estudiando su clase de discipulado
- Memoríce y repita todos los días la verdad de su Palabra

- **Consejo 6**

Involúcrese en ayudar a otros. La manera de crecer espiritualmente es que, sea capaz de ayudar a otros. Es necesario dar de gracia, lo que de gracia has recibido. Por cuanto Dios ha sido bueno con usted, nunca se olvide que cuando ayude a otros el Todopoderoso también le ayudará a usted.

- **Consejo 7**

Descanse todos los días, sabiendo que el que le llamó, cumplirá todo lo que le ha dicho. Todos los días de su vida, debes meditar en el sueño de Dios, y en que todo lo que Él le ha dicho se cumplirá.

DECLARACIÓN PROFÉTICA

Padre Eterno, yo declaro que todos los días de mi vida meditaré en el sueño de Dios, y que todo lo que Él me ha dicho se cumplirá.

Voy a pensar, soñar, meditar y vivir por el sueño de Dios; porque, no hay nada más importante para mí que el llamado de Dios. Por esto, yo respondo y obedezco al llamado de Dios para mí. Seguro estoy que me respaldará, y veré millones de milagros en mi vida, desde ahora y para siempre, amén.

El Tiempo

7

Prefacio

*No me elegisteis vosotros a mí, sino que yo os elegí a vosotros,
y os he puesto para que vayáis y llevéis fruto,
y vuestro fruto permanezca; para que todo lo que pidiereis
al Padre en mi nombre, él os lo dé."*

Juan 15:1

Ahora es el Tiempo 7.
El tiempo de que usted lleve mucho fruto.

Verdad Profunda
Dios fue quien determinó que usted sería su poderoso instrumento para cumplir su plan extraordinario en la tierra; y éste es ganar almas y consolidarlas en el Señor.

Introducción
Pensar en el llamado divino es un regalo, pero lo debemos asumir con mucho respeto y reverencia. Este asunto de las ideas de Dios, es necesario asumirlo con respeto firme, profundo, y verdadero. Le he dicho que Dios tiene su plan, pero usted debe ver el plan de Dios como Dios lo ve. Jesucristo lo expresó bien claro:

"Yo os he puesto para llevéis mucho fruto...."

La visión de Dios en esta tierra tiene la exclusividad que usted lleve fruto para Dios. ¿Qué es llevar fruto para Dios? Que usted se multiplique con una vida de oración; cada vida que le pida al Padre en oración, Él la da para que le ayude a permanecer en la vida cristiana. Sirviendo a Dios hay muchas cosas preciosas, pero no se puede distraer; es necesario que permanezca en la fe, y le crea a Dios para que dé mucho fruto.

Dios fue quien le Escogió
"No me elegisteis vosotros a mí, sino que yo os elegí a vosotros, y os he puesto para que vayáis y llevéis fruto, y vuestro fruto permanezca; para que todo lo que pidiereis al Padre en mi nombre, él os lo dé." Juan 15:16

Es necesario que entienda que todo lo que Dios le ha dicho es para la gloria y honra de su nombre. Lo más importante del llamado de Dios es que lleve fruto; es decir, que cumpla con el sueño de Dios. Nunca olvide que el sueño de Dios es la salvación de las almas.

Dios le envía a Ganar... "Para que valláis y Llevéis Fruto..."

Esta palabra es muy preciosa. Dios nunca pensó en darle talentos, dones, y su gracia extraordinaria, para que los utilizara en otra cosa. No; en la mente de Dios, lo único que Él desea para usted es que sea libre, salvo, sano; que vaya y recoja mucho fruto.

Dios lo ha capacitado, le ha liberado de toda opresión del enemigo, le ha dado su bendición y las riquezas de su gracia, y lo ha sanado de las crisis de su alma; no fue nunca para que se quede estancado. Usted necesita llevar mucho fruto. Esto es, ganar almas nuevas con el bendito evangelio de la gracia de Dios. Para Dios, lo más importante es que se deje usar por Él y ayude a que otros sean salvos.

"Y Que el Fruto Permanezca..."

Nunca sea irresponsable con las almas del Señor; fíjese que Jesucristo dijo que Él quiere que cada vida que gane, permanezca en la fe. Porque como sabrá, Dios no le hizo perdedor; su tiempo vale y cada vida para Dios vale. Por lo tanto, es necesario que se esfuerce en la gracia de Dios que es en Cristo Jesús; en estructuras serias en la consolidación eficaz de cada alma, con cada vida que Dios le entregue. Nunca deje que se pierda ni una sola de las almas que Dios le da.

Sólo así el Padre estará contento con Usted

"Jesús dijo: "Para que todo lo que pidas al padre, él te lo dé."
¡Esto es impresionante! Existe una relación entre ganar almas y consolidarlas, y las respuestas a nuestras oraciones. Ésto que Jesucristo dijo, es profundamente poderoso; es una gran revelación. Muchas de las pruebas y luchas que a usted se le presentan hoy, están vinculadas a la poca relación que tiene mucha gente con el llamado de Dios.

"Todo lo que pidiereis al Padre en mi nombre, Él os lo dé."
Juan 15:16

Las respuestas a sus oraciones, están condicionadas a la obediencia a su llamado; es decir, si lleva fruto y si el fruto permanece. Lo que Dios más ama son las almas; al que agrada a Dios, Él le da tres cosas:

"Porque al hombre que le agrada, Dios le da sabiduría, ciencia y gozo; mas al pecador da el trabajo de recoger y amontonar, para darlo al que agrada a Dios." Eclesiastés 2:26

Hacer todo lo que a Dios le gusta le da:

*   Sabiduría
*   Ciencia
*   Gozo
*   Y trae toda la libertad financiera que usted necesita

Salomón vio lo que significaba agradar a Dios. En la medida que usted se involucra en hacer lo que a Dios le agrada, será recompensado por Dios en todo, en forma sobrenatural.

*   Responder a su llamado ganando y consolidando las vidas trae la honra del Padre.

"Si alguno me sirve, mi Padre lo honrará." Juan 12:26

Su vida está escrita por la mano de Dios, con el único objetivo de que honre la visión del Padre para el mundo; y esto es la salvación de la humanidad. Por eso el Padre envió a su Hijo, y lo dio todo; envió a Jesucristo a morir por la salvación de la humanidad. Él no detendrá su mano para bendecirte, en la medida que se dedique a hacer lo que a Él le gusta.

"Porque de tal manera amó Dios al mundo, que ha dado a su Hijo unigénito, para que todo aquel que en él cree, no se pierda, mas tenga vida eterna." Juan 3:16

Cuando el Padre piensa en la crisis mundial, Él dice: Necesito obreros que recojan la cosecha, y a ésos honraré.

ESTO REPRESENTA EL MEJOR PAGO; ES DECIR, UN GRAN BE-
NEFICIO: LA RECOMPENSA DE SERVIR A DIOS.

ORACIÓN PROFÉTICA

Dios Todopoderoso, te doy gracias por haberme escogido con pro-
pósito. Sé que la misión más importante que me has hecho es darlo
todo por la salvación de los perdidos.
Hoy me propongo, con todo mi corazón, servirte con toda mis fuer-
zas, toda mi mente, y toda mi voluntad y corazón. No me dejaré
distraer por nada; me dedicaré a hacer lo que a ti te gusta.
En el nombre de Jesús, mi salvador, amén..

El Tiempo

8

Prefacio

Las palabras de Jeremías hijo de Hilcías, de los sacerdotes que estuvieron en Anatot, en tierra de Benjamín. Palabra deJehová que le vino en los días de Josías hijo de Amón, rey de Judá, en el año decimotercero de su reinado. Le vino también en días de Joacim hijo de Josías, rey de Judá, hasta el fin del año undécimo de Sedequías hijo de Josías, rey de Judá, hasta la cautividad de Jerusalén en el mes quinto."

Jeremías 1:1-3

Verdad Profunda

Es necesario que tenga muy presente que su llamado es antes de estar en el vientre de su madre, en la eternidad Dios le había predestinado.

Su llamado es una Predestinación Profética

Su llamado se ha manifestado en el tiempo perfecto. Dios puso sus ojos en usted, le ha traído la palabra correcta y a esta edad exacta de su vida. Por lo tanto, es necesario que se concentre exactamente en todo los detalles de la dirección divina. Su llamado está por encima de los gobiernos de este mundo; nunca se confunda, porque su llamado está por encima de todo.

Por su llamado está por encima de toda crisis política que viva la tierra. Fíjese que Dios llama a Jeremías, en tiempo de reinados críticos de su pueblo Israel. Su llamado es el nivel más alto de dignidad que un ser humano pueda tener.

Usted tienes un destino Profético

"Vino, pues, palabra de Jehová a mí, diciendo: Antes que te formase en el vientre te conocí, y antes que nacieses te santifiqué, te di por profeta a las naciones." Jeremías 1:4 -5

Es Escogido(a) antes de la Fundación del Mundo

Dios supo de sus debilidades, de sus pruebas, y de momentos difíciles que vivirías. Por eso, le santificó a través de la redención en Cristo. Es decir, el plan de Dios para su vida traspasó la caída del primer Adán; y sabiendo que éste iba a pecar, Dios le ató a Cristo desde la eternidad, y por eso le santificó.

Dios no le ha encomendado una misión religiosa, sino profética.

La verdad de su llamado es profética, porque sólo a través de la Palabra de Dios se quebranta todo tipo de operación y maldición de las tinieblas.

Cuando Dios se dispone a hacer cosas nuevas, lo hace a través de la palabra profética. La palabra profética es la que penetra, quebranta y transforma. Ni el infierno entero, ni Satanás con todas las potestades malignas, pueden detener la palabra profética. Es por eso que su llamado se hace a una comisión profética sobre el mundo. Así establecerá el propósito de su llamado; siempre de la boca de Dios.

Su Llamado está por encima de todo lo que parezca una Debilidad

"Y yo dije: ¡Ah! ¡ah, Señor Jehová! He aquí, no sé hablar, porque soy niño. Y me dijo Jehová: No digas: Soy un niño; porque a todo lo que te envíe irás tú, y dirás todo lo que te mande." Jeremías 1:6-7

Nunca se enfoque en cómo está, o cuanto tiene. El llamado de Dios para su vida no dependerá de lo que usted tenga, ni de sus defectos o debilidades. Dios le dijo a San Pablo: *"Bástate de mi gracia; mi poder se perfecciona en las debilidades."* Dios también le dijo al Rey David: *"De la boca de los niños, y de los indefensos fundaste la fortaleza."* Si existiera alguna debilidad en su vida, nunca olvide que exactamente eso será utilizado por Dios para que su gloria sea mayor. No diga soy niño(a), no diga no puedo, nunca diga no lo voy a lograr.

Nunca permita el temor; Créale a Dios.

"No temas delante de ellos, porque contigo estoy para librarte, dice Jehová." Jeremías 1:8

Por lo general, cuando se presente delante del enemigo, en algunas circunstancias existirán voces que dicen que usted está en desventaja; pero nunca olvide que el demonio a usted le tiene miedo, porque Dios va delante de usted como poderoso gigante, para librarle de lo que sea. Renuncie, en forma total, al espíritu de temor; no le deje amedrentar por el enemigo; la mano de Dios está sobre usted.

Es efectivo sólo hablando lo que dice Dios.
"Y extendió Jehová su mano y tocó mi boca, y me dijo Jehová: He aquí he puesto mis palabras en tu boca." Jeremias1:9

Esta es una de las verdades más profundas y gloriosas, que nos sirven para ser efectivos en el llamado divino. Es necesario que tenga claro que el llamado divino no depende de lo lindo o lo rudo de sus palabras, de lo letrado o no de su léxico. Lo que Dios le diga que haga, eso hará; y lo que le diga que hable, eso hablará.

La efectividad del llamado nunca dependerá de lo mucho o poco que diga, sino de que lo que salga de la boca de Dios, y lo confiese con su boca.

El Llamado se ejecuta en Comisión Apostólica de Dominio y de Plenos Poderes
"Mira que te he puesto en este día sobre naciones y sobre reinos, para arrancar y para destruir, para arruinar y para derribar, para edificar y para plantar." Jeremías 1:10

Dios nunca le pondrá por debajo de las autoridades terrenales. Cuando usted responde al llamado divino, es el representante de Dios. En el mundo espiritual, los demonios se sujetarán a lo que usted diga, y las autoridades terrenales también. Usted está por encima de todos los reinos y leyes de la tierra; es decir, su llamado está por encima de las leyes inclusive del universo.

Josué pudo detener el sol y la luna, porque su llamado estaba por encima de las leyes que rigen el universo. Dios le ha dado plenos poderes, y siempre que esté en obediencia, verá la gloria de Dios.

Su Llamado es de Cumplimiento Acelerado
"La palabra de Jehová vino a mí, diciendo: - ¿Qué ves tú, Jeremías?- Y dije: - Veo una vara de almendro.- Y me dijo Jehová:- Bien has visto; porque yo apresuro mi palabra para ponerla por obra.-" Jeremías 1:11-12

El mundo en que nos movemos, es un mundo de promesas incumplidas, y de falsas palabrerías; pero con Dios no es así. Puesto que el almendro es el árbol que fructifica más rápido, esto implica que la Palabra que Dios le da, tiene la sentencia divina de cumplimiento acelerado. Esta palabra nunca fallará, porque es la boca de Dios respaldando su llamado, y a usted como persona escogida.

Dios apresura su Palabra para ponerla por obra. Cada vez que hablas lo que Dios le dice, no quedará avergonzado(a); verá la gloria de Dios en su vida, desde ahora y para siempre.

En su Llamado no sólo hay Bendición, hay juicio para quien no le Reciba

"Vino a mí la palabra de Jehová por segunda vez, diciendo: - ¿Qué ves tú?- Y dije: - Veo una olla que hierve; y su faz está hacia el norte.- Me dijo Jehová: - Del norte se soltará el mal sobre todos los moradores de esta tierra. Porque he aquí que yo convoco a todas las familias de los reinos del norte,- dice Jehová, -y vendrán, y pondrá cada uno su campamento a la entrada de las puertas de Jerusalén, y junto a todos sus muros en derredor, y contra todas las ciudades de Judá. Y a causa de toda su maldad, proferiré mis juicios contra los que me dejaron, e incensaron a dioses extraños, y la obra de sus manos adoraron.-" Jeremías 1:13-16

Dios le llamó, y no le dejara en vergüenza. Toda persona que no crea en usted, ni respete la Palabra que Dios le ha dado, será quebrantada. Su responsabilidad es cumplirle a Dios; porque al mismo tiempo que es medicina y bendición para los pueblos, representa el quebrantamiento de Dios para los desobedientes.

Jesucristo dijo, *"el que conmigo no recoge, desparrama."* Así ha sido todo el tiempo; cuando alguien no cree lo que usted le dice de parte de Dios, no le condene. La palabra profética le quebrantará, por la desobediencia. Es decir, Usted es autoridad profética: El que cree es bendecido, y el que no cree es condenado.

Dios también quebranta la Desobediencia

"Tú, pues, ciñe tus lomos, levántate, y háblales todo cuanto te mande; no temas delante de ellos, para que no te haga yo quebran-

tar delante de ellos." Jeremías 1:17

Cuando Dios lo predestina, es firme su plan y su llamado. Es necesario que le crea a Dios y sea firme en el llamado. La única opción que le queda es obedecer; de no obedecer, Dios obrará en usted un poderoso quebrantamiento. Hoy, más que nunca, el llamado de Dios es que entienda que no le queda otra alternativa, que obedecer plenamente la alta comisión que el eterno Dios ha puesto sobre su vida.

Su cobertura siempre será Superior
"Porque he aquí que yo te he puesto, en este día, como ciudad fortificada, como columna de hierro, y como muro de bronce contra toda esta tierra. Contra los reyes de Judá, sus príncipes, sus sacerdotes, y el pueblo de la tierra." Jeremías 1:18

La comisión divina siempre será superior a todas las fuerzas y potestades, tanto las que se ven físicamente, como que existen en el mundo invisible; la unción que Dios le ha dado es superior. ¡El llamado profético que el Eterno le ha hecho, es tan poderoso! Dios le ha puesto con tanta protección que usted es inmune ante los planteamientos del enemigo. Usted es el propósito de Dios, está en autoridad espiritual y súper protegido ante cualquier rebeldía de los pueblos del mundo. Su llamado es superior a todo.

Predestinados para Ganar
"Y pelearán contra ti, pero no te vencerán; porque yo estoy contigo, dice Jehová, para librarte." Jeremías 1:19

Quien se levante en contra de su llamado, y pelee contra usted, lo hará sin cobertura ni apoyo divino; porque usted no se escogió; Dios le llamó, y le escogió para cumplir su extraordinario plan en la tierra. Es decir, quien trate de luchar contra usted, lo hace sin Dios, y por lo tanto tropezará y caerá.

Su Llamado es Sobrenatural y Profético
Cuando nosotros estudiamos todo lo que Dios le dijo a Jeremías,

esto reprende una majestad grande, gloriosa, y sobrenatural, de alto nivel de responsabilidad. Definitivamente, hoy Dios le está llamado para que responda con urgencia, firmeza y alto nivel de disciplina, escuchando la voz de Dios.

En el llamado que el Eterno le hizo a Jeremías, encontramos varias lecciones que le servirán:

1. Su llamado es superior a todos los reinos de este mundo.
2. Su llamado es radicalmente sujeto a la palabra profética.
3. Dios a través de usted impone su gobierno en la tierra; puede derribar, arrancar maldiciones y plantar la semilla de la vida.
4. Usted será respaldado, sólo al decir lo que Dios le diga que hable.
5. A pesar de sus debilidades, Dios le usará por el propósito que tiene con usted.
6. Dios apresura cada palabra para que se cumpla en usted.
7. La Palabra que Dios le ha dado es de bendición para el que cree, y de juicio para el incrédulo.
8. Los reinos y cualquiera que sea la oposición diabólica nunca podrán contra usted; Dios, a través de su llamado, le hizo más que vencedor.

Dios Todopoderoso, Dios eterno y bendito, en el nombre de Jesucristo, hoy determino con todo mi corazón aceptar tu propósito, tu plan en mi vida, y tu eterno llamado, sin excusas. Desde ahora y para siempre te serviré; honraré tu nombre, creyendo tu Palabra de todo corazón. En el nombre de Jesús, amén...

El Tiempo

30

Prefacio

*Su llamado es para establecer el gobierno de Dios sobre la tierra,
y el establecimiento de su gloria manifestada, a través de usted,
su instrumento profético y apostólico de este tiempo.
Usted es como José; es la esperanza de su familia,
y la garantía de bendición para su nación.*

Introducción

Independientemente de todo lo que se pueda decir, profetizar, o hablar, usted sabe dentro de su corazón, que Dios le escogió para una misión grande y portentosa en la tierra. Este es el caso de José: A pesar que su padre le colocó una túnica de colores, que lo distinguía de los demás, José tenía sueños y visiones poderosas acerca de su poderoso llamado en esta tierra.

Verdad profunda

Todo tiene su tiempo y el tiempo treinta es el tiempo de comenzar a gobernar sobre su enemigo producto de su llamado.

Confesando los Sueños de Dios

"Soñó aun otro sueño, y lo contó a sus hermanos, diciendo: He aquí que he soñado otro sueño, y he aquí que el sol y la luna y once estrellas se inclinaban a m; y lo contó a su padre y a sus hermanos. Y su padre le reprendió, y le dijo: -¿Qué sueño es este que soñaste? ¿Acaso vendremos yo y tu madre y tus hermanos a postrarnos en tierra ante ti? Y sus hermanos le tenían envidia, mas su padre meditaba en esto." Gen 37:9-11

Es Necesario declarar los Sueños

La verdad espiritual, por la cual debe declarar sus sueños, es que si no los declara, no se cumplen de inmediato. Hay que escribir, declarar cada visión, cada sueño y contarlo. De esa manera, el mundo espiritual profético respeta y entiende que usted esta plenamente convencido de lo que Dios hará con usted. Muchas veces, los sueños chocan con el lenguaje de personas que tiene alrededor, pero es necesario que los declare. Esto es, aun cuando los esté declarando, no crea que se cumplirán.

Superando los momentos de Presión

"Sucedió, pues, que cuando llegó José a sus hermanos, ellos qui-taron a José su túnica, la túnica de colores que tenía sobre sí; y le tomaron y le echaron en la cisterna; pero la cisterna estaba vacía, no había en ella agua." Gen 37:23-24

A José lo desnudaron, y lo echaron en una cisterna. Ese tiempo que José estuvo allí, fue la siembra de su vida, como una semilla en la tierra; allí ofrendó su vida, y la enterró, pero con la gran bendición. Dios resucita el sueño de todo aquel que lo declara públicamente. Todo aquel que es llamado, ofrenda su vida.

Su vida es como una semilla. La diferencia es que el sueño y el do-cumento escrito de su llamado es activado por el poder de la resu-rrección. Es decir, la primera estación es muerte, pero todo soñador tiene en sí el poder de la resurrección.

"Jesús les respondió diciendo: - Ha llegado la hora para que el Hijo del Hombre sea glorificado. De cierto, de cierto os digo, que si el grano de trigo no cae en la tierra y muere, queda solo; pero si mue-re, lleva mucho fruto. El que ama su vida, la perderá; y el que aborrece su vida en este mundo, para vida eterna la guardará. Si al-guno me sirve, sígame; y donde yo estuviere, allí también estará mi servidor. Si alguno me sirviere, mi Padre le honrará." Juan 12:23-26

Todo líder, antes de ver la plenitud del cumplimiento del llamado divino, pasa por un proceso de cumplimiento; allí se le abren las ventanas de las cielos.

La siguiente batalla es la Guerra por la Identidad

"Y cuando pasaban los madianitas mercaderes, sacaron ellos a José de la cisterna, y le trajeron arriba, y le vendieron a los ismaelitas por veinte piezas de plata. Y llevaron a José a Egipto." Gen 37:28

Como los soñadores no mueren, sino que están temporalmente en procesos necesarios para su ascenso, ellos determinan venderlo a una compañía de ismaelitas como esclavo. Allí se tuvo que impo-ner el sueño de José; el decía no soy esclavo, al contrario soy el que gobierna.

Su identidad es lo más importante en los momentos de presión. Mientras no se haya cumplido físicamente todo lo que Dios ha dicho de usted, debe imponer el propósito de Dios y declarar que no es esclavo; usted es embajador de Cristo. Es el sueño de Dios, y esa situación dura va a pasar. El capítulo final de la historia es el que cuenta; usted nació para reinar.

Cada vez que se diga lo contrario de usted, impongase sobre las circunstancias de presión y nunca acepte lo contrario a lo que Dios le dijo. Es un peligro perder la identidad del verdadero propósito de su llamado, en momentos de presión. Nunca olvide que usted eres el propósito de Dios, y nació para reinar. Todo lo negativo que le ha pasado es temporal, y pasará; por más fuerte que sea la lucha, nunca pierda su identidad.

Las tentaciones de Dinero y Sexo

"Aconteció después de esto, que la mujer de su amo puso sus ojos en José, y dijo:- Duerme conmigo-. Y él no quiso, y dijo a la mujer de su amo: - He aquí que mi señor no se preocupa conmigo de lo que hay en casa, y ha puesto en mi mano todo lo que tiene. No hay otro mayor que yo en esta casa, y ninguna cosa me ha reservado sino a ti, por cuanto tú eres su mujer; ¿cómo, pues, haría yo este grande mal, y pecaría contra Dios?- Hablando ella a José cada día, y no escuchándola él para acostarse al lado de ella, para estar con ella, aconteció que entró él un día en casa para hacer su oficio, y no había nadie de los de casa allí. Y ella lo asió por su ropa, diciendo: Duerme conmigo. Entonces él dejó su ropa en las manos de ella, y huyó y salió. Cuando vio ella que le había dejado su ropa en sus manos, y había huido fuera, llamó a los de casa, y les habló diciendo: - Mirad, nos ha traído un hebreo para que hiciese burla de nosotros. Vino él a mí para dormir conmigo, y yo di grandes voces; y viendo que yo alzaba la voz y gritaba, dejó junto a mí su ropa, y huyó y salió.- Y ella puso junto a sí la ropa de José, hasta que vino su señor a su casa. Entonces le habló ella las mismas palabras, diciendo: - El siervo hebreo que nos trajiste, vino a mí para deshonrarme. Y cuando yo alcé mi voz y grité, él dejó su ropa junto a mí y huyó fuera.- Y sucedió que cuando oyó el amo de José las palabras que su mujer le hablaba, diciendo: -Así me ha tratado tu siervo-, se encendió su furor. Y tomó su amo a José, y lo puso en la cárcel, don-

de estaban los presos del rey, y estuvo allí en la cárcel." Gen 39:7-20

Es necesario que se mueva con temor de Dios, entendiendo que Él vé y conoce todo lo que hace. Si José no hubiera tenido respeto hacia Dios, y respeto a su llamado, se habría enredado con la tentación del sexo y el dinero.

Era fácil para José pecar, porque aparentemente nadie le estaba viendo. Pero este hombre de fe prefirió esta prueba, que fallarle a Dios; esto lo llevó a la cárcel. José se guardó de pecar, porque sabía que estaba predestinado para reinar.

No hay cárcel para los Llamados de Dios
"Pero Jehová estaba con José y le extendió su misericordia, y le dio gracia en los ojos del jefe de la cárcel. Y el jefe de la cárcel entregó en mano de José el cuidado de todos los presos que había en aquella prisión; todo lo que se hacía allí, él lo hacía. No necesitaba atender el jefe de la cárcel cosa alguna de las que estaban al cuidado de José, porque Jehová estaba con José, y lo que él hacía, Jehová lo prosperaba." Gen 39:21-23

No hay cárcel para alguien predestinado por Dios para cosas grandes y sobrenaturales. Donde otros ven un tormento, toda persona que está llamada por Dios ve la gloria; porque esta historia nos relata que donde José se metía, allí prosperaba. En la cárcel, a José lo pusieron de jefe. Definitivamente, el poder de Dios y la cobertura del llamado, siempre le pone en sitios de honra. En la cárcel, a José lo pusieron de jefe, por la gracia de Dios que estaba con él.

El capítulo final de la Historia
"Y dijo Faraón a sus siervos: ¿Acaso hallaremos a otro hombre como éste, en quien esté el espíritu de Dios? Y dijo Faraón a José: Pues que Dios te ha hecho saber todo esto, no hay entendido ni sabio como tú. Tú estarás sobre mi casa, y por tu palabra se gobernará todo mi pueblo; solamente en el trono seré yo mayor que tú. Dijo además Faraón a José: He aquí yo te he puesto sobre toda la tierra de Egipto. Entonces Faraón quitó su anillo de su mano, y lo puso en la mano de José, y lo hizo vestir de ropas de lino finísimo, y puso un collar de

oro en su cuello; y lo hizo subir en su segundo carro, y pregonaron delante de él: ¡Doblad la rodilla!; y lo puso sobre toda la tierra de Egipto. Y dijo Faraón a José: Yo soy Faraón; y sin ti ninguno alzará su mano ni su pie en toda la tierra de Egipto. Y llamó Faraón el nombre de José, Zafnat-panea; y le dio por mujer a Asenat, hija de Porífera sacerdote de On. Y salió José por toda la tierra de Egipto."
Gen 41:45

La historia de la vida de José, y la suya están escritas por la mano de Dios; por lo tanto, es necesario que usted entienda que, independientemente a las presiones de la vida, Dios escribió su vida con su mano, para que reine sobre sus enemigos, y sea de bendición para su familia, su pueblo y sus hermanos.

Es imposible que no se cumpla cada palabra que Dios ha dicho de usted. Así como el Eterno le cumplió a José, le cumplirá a usted también. Hay algo extraordinariamente glorioso, que a mi me impacta: La fidelidad de Dios, y el fiel cumplimiento de todo. En esto tenemos que enfocarnos; lo que Dios ha dicho de usted, todo se cumplirá.

Todo Llamado tiene un tiempo de gloria mayor

"Daos prisa, id a mi padre y decidle: Así dice tu hijo José: Dios me ha puesto por señor de todo Egipto; ven a mí, no te detengas. Habitarás en la tierra de Gosén, y estarás cerca de mí, tú y tus hijos, y los hijos de tus hijos, tus ganados y tus vacas, y todo lo que tienes. Y allí te alimentaré, pues aún quedan cinco años de hambre, para que no perezcas de pobreza tú y tu casa, y todo lo que tienes. He aquí, vuestros ojos ven, y los ojos de mi hermano Benjamín, que mi boca os habla. Haréis, pues, saber a mi padre toda mi gloria en Egipto, y todo lo que habéis visto; y daos prisa, y traed a mi padre acá. Y se echó sobre el cuello de Benjamín su hermano, y lloró; y también Benjamín lloró sobre su cuello. Y besó a todos sus hermanos, y lloró sobre ellos; y después sus hermanos hablaron con él.
Gen 45:9-15

No se pueden comparar las leves tribulaciones momentáneas, con las recompensas del llamado. Dios envió a José a Egipto, como preservador de vida; para que no pereciera la nación de Israel. Es necesario que se atreva a creerle a Dios, y entienda que el Eterno le escogió, y es el instrumento de Dios para que su nación se salve y su familia completa, usted es el instrumento de Dios como punta de lanza para impedir que la crisis mundial destruya a su familia.

Su llamado es más importante que todo porque en su obediencia Dios preservará la vida de toda su familia y cuando allá crisis para otro su familia estará bien.

La misión de su Llamado

"Estos son los nombres de los hijos de Israel que entraron en Egipto con Jacob; cada uno entró con su familia: Rubén, Simeón, Leví, Judá, Isacar, Zabulón, Benjamín, Dan, Neftalí, Gad y Aser. Todas las personas que le nacieron a Jacob fueron setenta. Y José estaba en Egipto." Éxodo 1:1-5

La misión más importante de su llamado es preservar vidas, así como José fue el instrumento profético de Dios para preservarle la vida a la nación de Israel, en tiempo de faraón. Dios le ha llamado para que, a través de los sueños y las visiones de su llamado, derrote el imperio faraónico. Hay algo que quiero que tenga bien claro: Mientras José estuvo vivo, Faraón no pudo oprimir a Israel. La única manera que su familia sufra es que no responda al llamado de Dios.

El poder eterno del Llamado de Dios

Es necesario que le crea a Dios y le responda al eterno creador. El futuro de su familia, su pueblo, y su nación dependerá de que usted le responda a Dios; usted es como José. Dios le ha escogido para que proteja a su familia del poder opresor del imperio faraónico sobre el mundo.

Tu Llamado es Sobrenatural

"Y Jesús, después que fue bautizado, subió luego del agua; y he aquí cielos le fueron abiertos, y vio al Espíritu de Dios que descendía como paloma, y venía sobre él. Y hubo una voz de los cielos, que decía:- Este es mi Hijo amado, en quien tengo complacencia.-" Mat 3:16-17

Sé que usted puede hacer muchas cosas en esta tierra, pero lo más importante es cumplirle a Dios con su llamado. No cumplirle a Dios, pone en peligro su vida y la de su familia; y no solamente eso, sino que pone en peligro, a millones que dependen de su capacidad de responderle a Dios. Su llamado es la misión más importante que tiene que cumplir entre el cielo y la tierra.

Verdad Profética
Responder al llamado de Dios es lo más importante, entre el cielo y la tierra, para cualquier ser humano.

¿Por qué su Llamado es lo más Importante?
Porque si está mal con el Dios que le ha dado la vida, es imposible que esté bien con los demás.

¿Qué pasa con los que no responden al Llamado de Dios?
Entran en cárcel espiritual, y no salen de allí, hasta que paguen el último cuadrante.

¿Qué pasa si lo Arriesgo Todo?
No hay nadie que lo haya arriesgado todo, que no haya sido recompensado por Dios en todo los aspectos, y aun más allá...

¿De qué es necesario cuidarme diligentemente?
De la distracción. Es necesario que tenga mucho cuidado con todo lo que le aleja de lo que Dios ha predestinado para usted.

¿Qué pasará con mi estado Financiero?
Será prosperado en todo lo que emprenda, y todo le saldrá bien.

¿Con qué tipo de personas me debo Reunir?
Solamente con águilas, a menos que esté ayudando a otros; pero sea quien sea, si no le ayuda a crecer, retírese de la persona. Es peligroso, porque puede morir el fuego; y sin el fuego, ya perdió la pasión del llamado.

¿Qué será de mis Próximas Generaciones?
Creará una marca semejante a la que dejó Abraham, que marcó la tierra para siempre. En todo el mundo, se reconoce a Abraham; así

también será usted. En la tierra y en el cielo se comentará de su vida de fe y valor.

¿Qué es lo que más debo Cuidar?
De usted mismo. Cuide su corazón del Yo, y nunca se engrandezca. Dele toda la gloria al Dios que le llamó.

¿En qué me debo enfocar Ahora?
En oír la voz de Dios, y obedecerle en todo, sin cuestionarlo en nada.

¿Qué tipo de libros debo Leer?
Sólo aquellos que le ayuden a crecer. Nunca pierda su tiempo leyendo lo que no le ayuda a crecer, por falta de revelación y propósito.

¿Qué debo hacer con mis Sueños?
Escríbalos, y créalos de todo el corazón; porque todo se cumplirá.

¿Qué actitud debo tomar, en momentos de lucha y presión?
Entender que la situación que está pasando es temporal, y que todo pasará. Enfóquese en el capitulo final de su vida.

¿Cuál será el capítulo final de mi Vida?
Reinar. Será famoso, bendecido, y Dios le exaltará por su obediencia. Su honra no vendrá de los humanos, vendrá del eterno Creador que le llamó para alabanza de su Gloria.

Epílogo
del Dr. Sojo

Es necesario que entienda que usted puede emprender muchas cosas importantes en esta vida, y lograrlas. Pero realmente, lo más importante es que le sea fiel al eterno llamado de Dios.

Cuando obedece el poderoso llamado de Dios, entra en plena obediencia; y por consecuencia, asegura el destino de toda su vida. Es necesario entender que cuando responde al llamado de Dios, su vida está en total cobertura por su obediencia. Lo otro es que, cuando responde al llamado de Dios, está asegurando el destino, protección y prosperidad de su familia. No solo en la presente generación, sino que las siguientes 4 generaciones estarán bajo cobertura por su obediencia.

En la medida que responda al llamado de Dios, y haga discípulos, el Todopoderoso le cubrirá, y le ayudará todos los días de su vida; y será bendecido en todas las áreas.
Dios le capacita para que el capitulo principal de su vida sea hacer discípulos. Es decir, formar a hombres y mujeres que entiendan la revelación que usted ha entendido, por la misericordia de Dios.

Lo que Dios ha hecho con usted es glorioso. Nunca, por nada del mundo se deje engañar.
Lo más extraordinario que le puede ocurrir, es ser plenamente obediente al llamado de Dios. Será bendecido en todo, sin temor a nada.
Lo que más le conviene es responder al llamado de Dios.

Corra; dese prisa; no dude en dedicarse a hacer lo que a Dios le gusta. Viva para Dios en plena obediencia. Sea fiel al poderoso llamado divino y verá la gloria de Dios en su vida, desde ahora y para siempre. Amén.

Notas

Made in the USA
Coppell, TX
09 January 2024

27481954R00080